アーセン・ヴェンゲル自伝
赤と白、わが人生

アーセン・ヴェンゲル
三好幸詞・訳

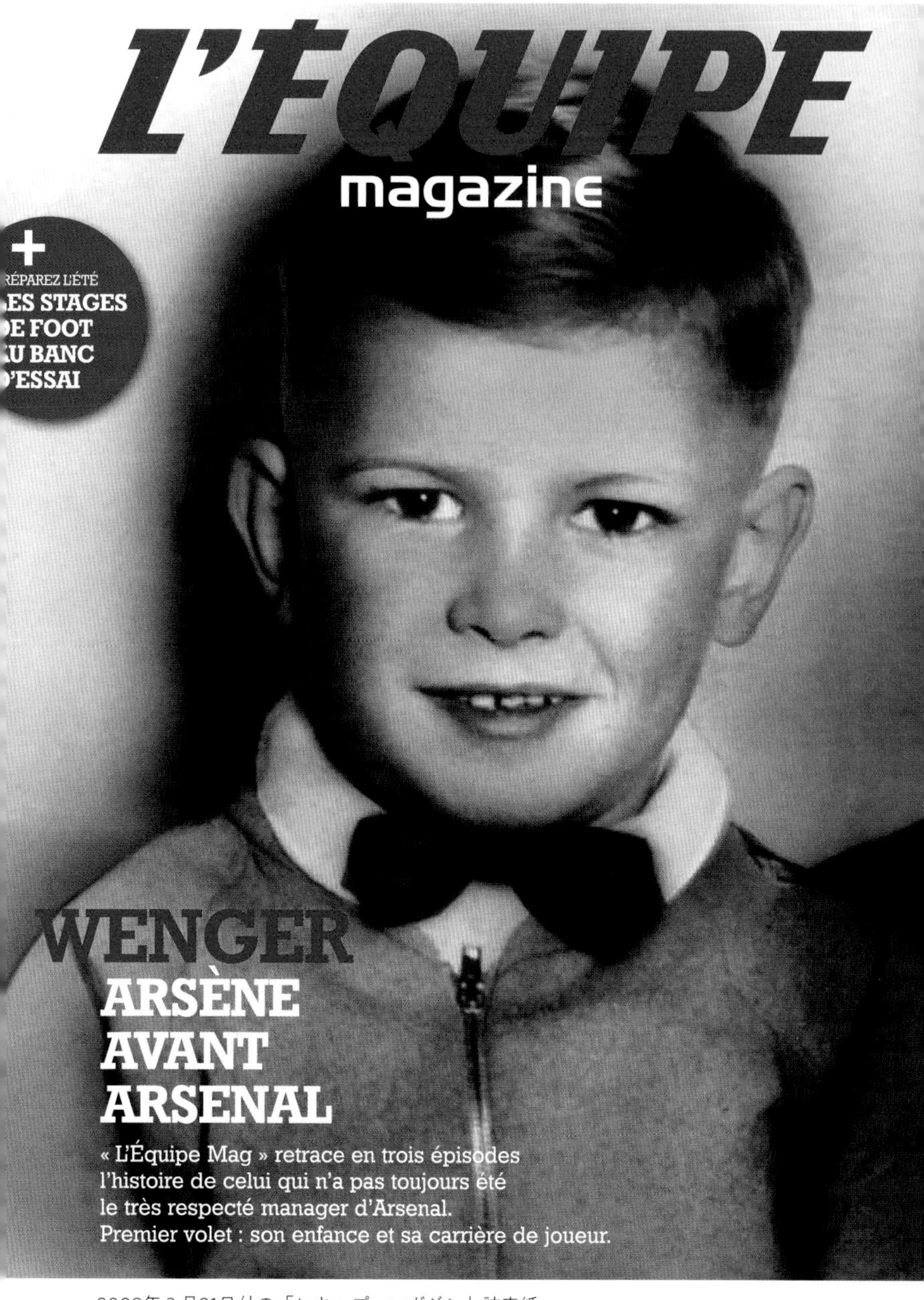
L'ÉQUIPE
magazine
+
RÉPAREZ L'ÉTÉ
ES STAGES
E FOOT
U BANC
'ESSAI
WENGER
ARSÈNE
AVANT
ARSENAL
« L'Équipe Mag » retrace en trois épisodes
l'histoire de celui qui n'a pas toujours été
le très respecté manager d'Arsenal.
Premier volet : son enfance et sa carrière de joueur.

2009年３月21日付の「レキップ・マガジン」誌表紙

（上）両親
（下）父

（上）両親、姉、兄と共に

（下）ドゥトレンハイムで行われた結婚式にて。私の前にいるのは従姉妹のマルチーヌ

私が最初にプレーしたチーム、ドゥトレンハイム。左端の帽子をかぶってコートを着ているのが私の父。私は後列選手の右から２人目

（上）1976年、ASヴォーバン。後列左からシャルク、ラザリュス、ロラン、私、レシュネール、スィフェール。前列左からシャルベール、スュブロン、ボッセール、エッペール、オッソール

（下）ストラスブールにて。クラブでは選手としてプレーすると同時に養成所のコーチも務めていた。後列左からモッセール、ヴェラス、ヴォジェル、グラッスマン、オットマン、私。前列左からリコッタ、バルテル、シェアー、ジャンネール、ジャント

UN ATOUT DE TAILLE DANS LE JEU DU FCM

ARSENE WENGER,
«UN GRAND BLOND AVEC...»

En annonçant, hier, que le FCM était en passe d'obtenir la signature d'un grand «espoir» du football alsacien, c'est bien à Arsène Wenger que nous faisions allusion. Mais, pour ne pas gêner les tractations, nous ne pouvions citer de nom.

A présent, la mutation est réglée et Arsène Wenger, 23

（上）AS ヴォーバン在籍時フランス・カップでニースと対戦した際の私とロジェ・ジューヴ

（左）「アルザスサッカー界期待の星 アーセン・ヴェンゲル〈長身で金髪、そして……〉」FC ミュールーズへの移籍決定を伝える記事。当時23歳

（下）RC ストラスブール在籍時

（上）ASモナコ監督就任時。パトリック・バティストン、ファブリス・メージュ、レミ・ヴォジェル、グレン・ホドル、マーク・ヘイトリーら、新たに加入した選手たちを前に

（下）ジョージ・ウェアと共に

1991年、フランスカップでオランピック・マルセイユを倒して優勝した時の一場面

MONACO :
LE CASSE-TETE
DE WENGER

「モナコ：ヴェンゲルの悩み」

(上) フランスカップ優勝杯を前に集合した選手たち。後列には左側からラモン・ディアス、ロジェ・マンディ、エマニュエル・プティ、クロード・ピュエル、フランク・ソゼー、ジャン=リュック・エットーリらの顔が見える。前列左からジェラルド・パッシ、ユーリ・ジョルカエフ、ジョージ・ウェア、リュック・ソノール、ルイ・バロス

(下) フランス・カップ優勝祝賀会にて。レーニエ大公 (当時)、アルベール公世子 (当時) と共に

（上）日本滞在時。ボロ・プリモラツ、私たちが解雇を阻止した通訳の村上剛と共に

（下）1996年、天皇杯を制した名古屋グランパスのメンバー。後列にはボロ・プリモラツ、小倉隆史、森山泰行、アレシャンドレ・トーレスなど、前列にはフランク・デュリクス、佐藤悠介、ドラガン・ストイコビッチ、浅野哲也、岡山哲也、平野孝らの顔が

（上）愛娘レアと
（下）アニー、レアと

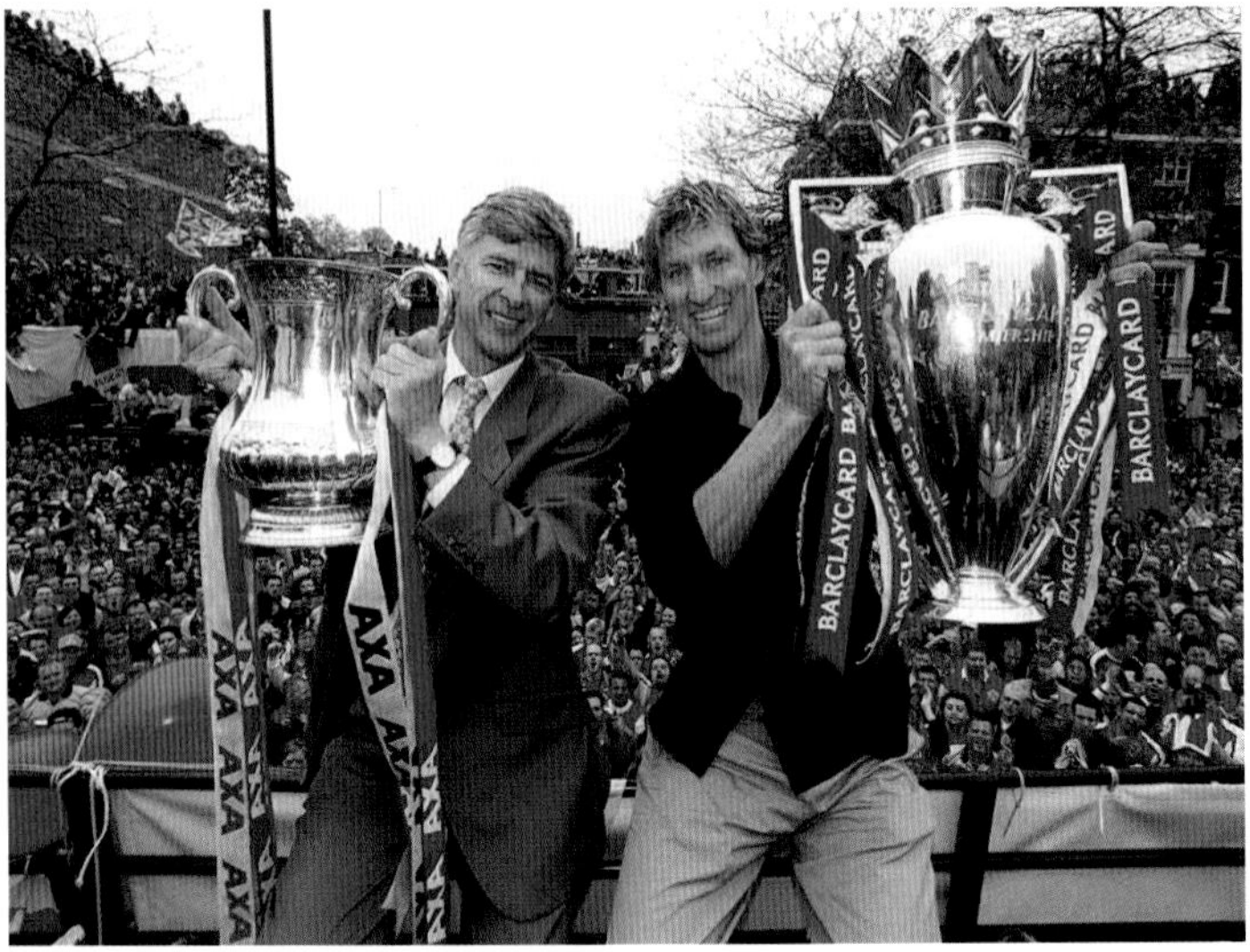

（上）1998年、アーセナルはFAカップとプレミアリーグ優勝の2冠を達成。トニー・アダムスとそれぞれの優勝杯を手に

（下）2002年、パトリック・ヴィエラとFAカップ、プレミアリーグ、スーパーカップ各優勝杯を前に

（上）サポーターの声援にこたえる

（下）真冬の試合にて。必死に何かを訴える

（上）ティエリ・アンリと共に
（下）セスク・ファブレガスと共に

「すべて高貴なものは稀であるとともに困難である」

スピノザ『エチカ』より

「人々に、自分たちが内に秘めているとは知らぬ偉大さを自覚させよう」

アンドレ・マルロー『西欧の誘惑』より

アーセン・ヴェンゲル　年譜

1949	フランス、アルザス地方のドゥトレンハイムで生まれ育つ。父と母は村で食堂「クロワ・ドール」を営んでいた。10歳上の姉、5歳上の兄がおり、3人きょうだいの末っ子。
1963	地元チームのドゥトレンハイムに所属。
1969	マックス・ヒルド監督に認められASムツィグへ移籍。
1971	現ストラスブール大で修士取得。
1978	FCミュールーズ、ASヴォーバン（現・ASPVストラスブール）などを経て、この年1部リーグのRCストラスブールに移籍。この時期に3週間ケンブリッジに滞在し英語を学ぶ。
1981	RCストラスブールで現役引退。選手時代からコーチをしていたユースチームの指導を続行する。
1983	ジャン＝マルク・ギユーの誘いでASカンヌの助監督兼養成所コーチとなる。
1984	1部リーグのナンシーの監督に就任。
1987	モナコの監督に就任し、初シーズンでチームを1部リーグ優勝に導く。
1988	ジョージ・ウェアを獲得。ウェアは1995年にバロンドールに輝く。
1989	ハイバリーで初観戦。アーセナルの副会長ディヴィッド・デインと出会う。
1991	モナコをフランスカップ優勝に導く。
1993	フランスで八百長スキャンダルがあり、ヴェンゲルは無力感を味わう。
1994	名古屋グランパスの監督に就任。
1995	Jリーグで当初不振に苦しむもサントリーシリーズ4位、ニコスシリーズ2位。コーチとしてボロ・プリモラツを招き、このコンビはアーセナルに引き継がれる。

1996	天皇杯で名古屋グランパスを初優勝に導く。
	アーセナルの監督に就任。
1997	娘のレアが誕生。
1998	プレミアリーグとFAカップの2冠を達成。
1999	ティエリ・アンリをユヴェントスから獲得。
2001	ソル・キャンベルをトッテナムから獲得。
2002	プレミアリーグとFAカップの2冠を再度達成。
2003	FAカップで優勝。
2004	プレミアリーグで優勝。無敗の優勝を成し遂げる。
2005	FAカップで優勝。
2006	エミレーツスタジアムが完成しハイバリーでの最後の試合。
	チャンピオンズリーグ決勝でバルセロナに敗れる。
2013	メスト・エジルをレアル・マドリーから獲得。
2014	FAカップで優勝。
2015	FAカップで優勝。
2017	FAカップで優勝。
2018	アーセナル退団。
2019	FIFAの複数の役職に就任。

本書の内容を元に作成

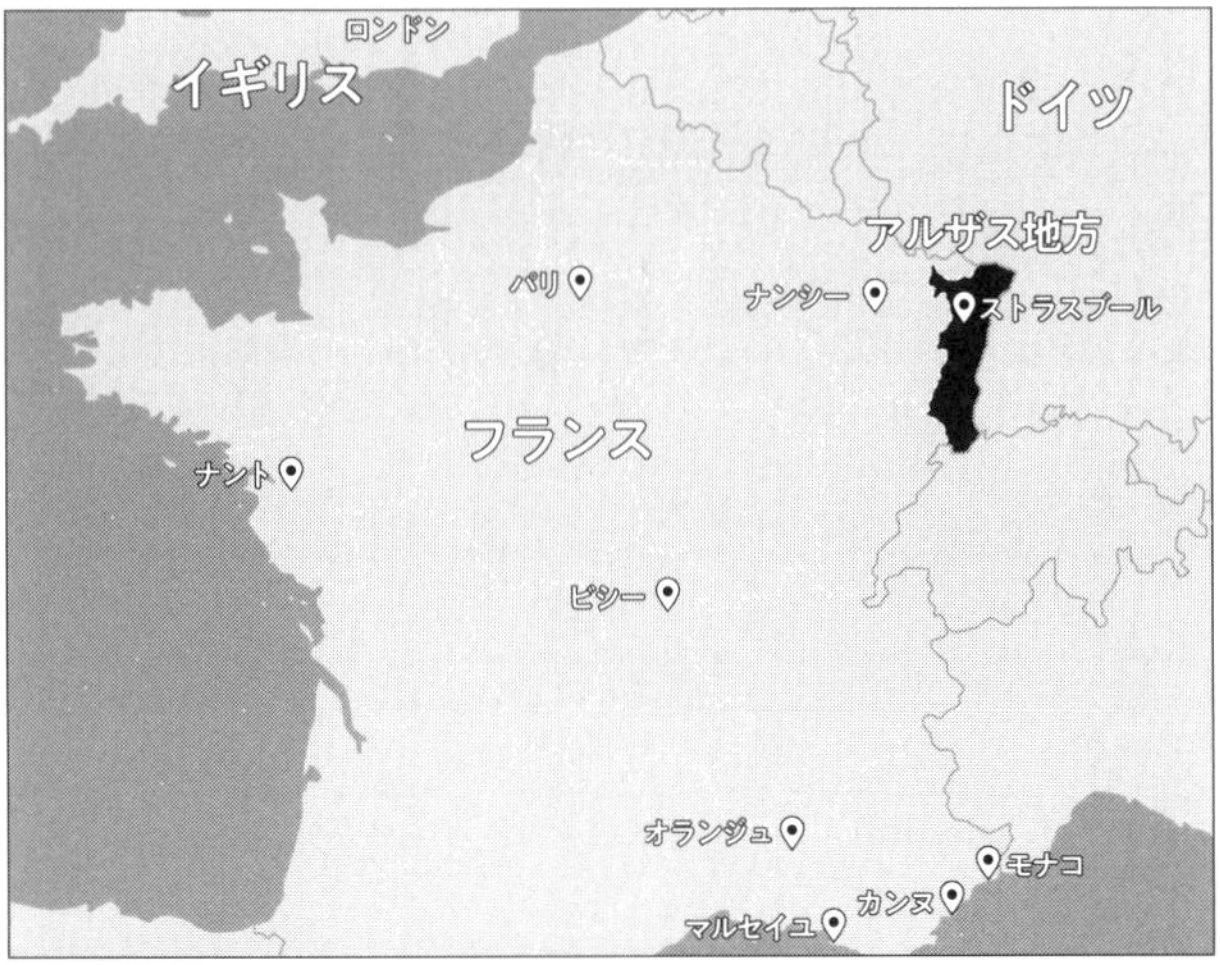
ロンドン
イギリス
ドイツ
アルザス地方
パリ
ナンシー
ストラスブール
フランス
ナント
ビシー
オランジュ
モナコ
カンヌ
マルセイユ

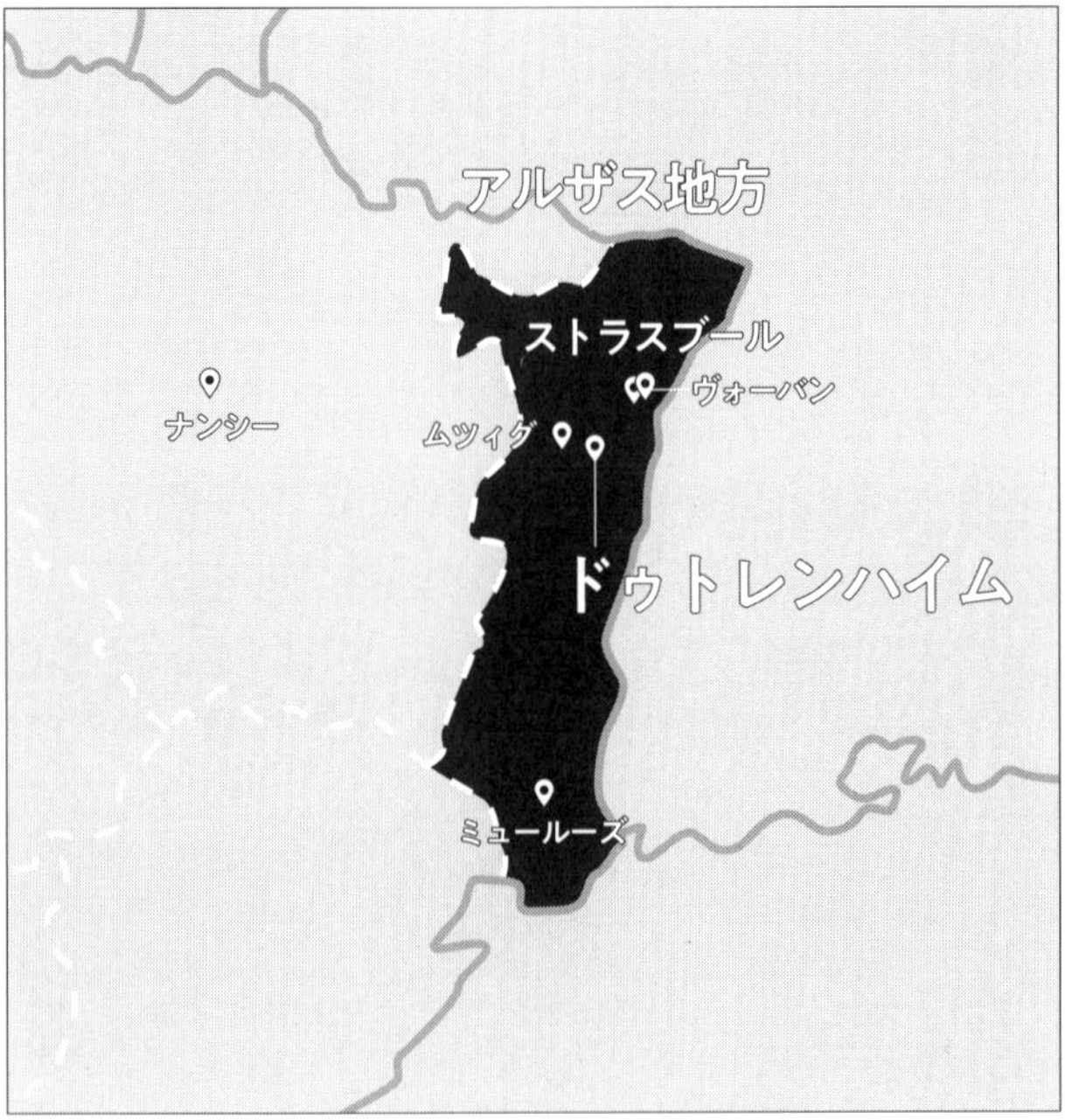
アルザス地方
ストラスブール
ヴォーバン
ナンシー
ムツィグ
ドゥトレンハイム
ミュールーズ

アーセン・ヴェンゲル自伝　赤と白、わが人生

目次

PART 4 モナコ

PART 5

日本——126

PART 6

アーセナル――153

PART 7

プロローグ

濃密な22年

２０１８年5月13日、私はアーセナルを後にした。22年もの間、私が絶えず情熱を傾け、苦悩を共にしたこのクラブは、私の人生のすべてであった。アーセナルのおかげで私は、選手たちの人生に影響を与え、一つのプレースタイルを確立し、また素晴らしい勝利の瞬間を味わい、自分の思い描くままの監督業を全《まっと》うすることができた。今の監督たちにはもう許されていない自由と権力が私にはあった。

波乱と感動に満ちた忘れられない年月を過ごしたからこそ、クラブを去り、もうあんな濃密な時間を味わうことができなくなることを受け入れるのは、本当に苦しかった。

アーセナルは今でもずっと私の一部である。アーセナルのことを話す時は今だって「私のクラブ」と言ってしまうし、他の監督の手に渡っても、クラブ、サポーター、そして私が目をつけて、育て、ベストを尽くせるように鍛えた選手たちのことを思うと胸が熱くなる。

私が何よりも惹かれるのはプレーと人間、そしてサッカーを愛し、サッカーにすべてを捧げる人々を熱狂させるあの陶酔《とうすい》の瞬間である。勝利は大切な思い出である一方で、振り返る勇気も与えないほどの敗北は、何年もたった今でもしこりとなって残っている。あの時どうすべきだったのだろう？　何がいけなかったのだろう？　と。私の人生は常に勝利の美酒と敗北の泥沼の間を行ったり来たりしていた。

私には情熱があり、それは決して消滅しない。

無名からのスタート

アーセナルの監督に就任した時、私はイングランドではまったくの無名だった。「アーセン、誰？」という声が絶えなかった。イングランドのサッカー史上たった3人目の外国人監督であったのだから無理もないし、何よりも先人の二人は成功を収めることができなかった。

イングランドがサッカーの母国であるというのは、フランスがワインの国であるのと同じようなものだ。イングランドの人間をボルドーに連れてきてワインを作らせようとは誰も考えないはずだ。私はそのイングランドで22年間、真のプレーと真の努力の結果を大きく花開かせようと努めてきた。もちろん、勝利も敗北も、失望も激怒も、素晴らしい選手たちとの出会いも別れもそれまでに経験済みであったが、ここまで私を虜《とりこ》にしたチームは他にない。

クラブは大きな変貌《へんぼう》を遂げ、私自身もクラブと共に変化した。そして、サッカー界そのものも変化した。私の実践したサッカー、私が情熱を傾けたその世界、私の享受《きょうじゅ》していた自由、一か所のクラブで長期にわたり監督でいられるという時代、それらはすべて消えてしまった。

私のように、14歳になるまでクラブに所属することもなく、19歳になるまで理想的な監督に出会うこともなかった選手が、地方リーグから全国1部リーグへと移籍し、あれほど多くの試合をこなし、荒波にもまれて生き残る。そんなことが今の時代でもできるかどうか、はなはだ疑問である。また、私がアーセナルを指揮していた時のように、自分がこれだと思う選手を獲得する一切の自由を与えられ、クラブに全身全霊を傾けることのできる監督が今日存在するのかどうかも怪しい。私は運良くそうしたクラブと巡り合い、完全に同意した上で犠牲を払った。

サッカーを巡る変貌

ここ数年の間にサッカー界ではいくつかの大きな変貌が起きた。

その中でも特に私に衝撃を与えたものがある。

クラブオーナーはボーダーレス化した。

SNSが登場して以来、その影響力は時に行きすぎともいえるほど大きくなった。

そういった環境の中で、人々の期待にこたえようとする選手や監督にのしかかるプレッシャーは増大する一方だ。試合前の準備段階や試合後の反省会、とりわけプレーの合理的な分析に関しても大きな変化が起きた。しかし、90分の試合の間は選手が主役ということだけは変わらない。

もはやヨーロッパのサッカー界はバイエルン、レアル、バルサの三強独占状態ではない。他の勢力が彼らに追いつきつつある。

スポーツアナリストの重要性は飛躍的に向上し、前半からすでに試合の流れを把握して試合を客観的に分析することが可能になった。以前なら、そうしたことは監督一人の主観に任されていたことだ。とはいえ、決定権を持つのは依然として監督ただ一人である。

統計と科学がパフォーマンス分析に一役買っているのは確かだが、それらはプレーに関する深い考察と共に活用されるべきである。最近の調査によると、データや数字に頼りすぎると選手たちの士気低下につながるらしい。自分たちの個性がないがしろにされているという印象を受けるからであろう。

監督はと言えば、以前にも増してチームの成績について責任を負わされる一方で、必ずしも自分の考えに従った決定を浸透させる能力を持っているわけではない。そうして、人々からは「天才」か「無能」かの両極端な烙印《らくいん》を押されるのである。

こうした変化には知らず知らずのうちに慣らされるもので、いったん当たり前と思うと、そこからはなかなか抜け出せない。しかし自分の殻から抜け出した今、不当な批判、オーバーなコメント、監督の持つ孤独……そうしたあらゆることが明確に見えてきたように思える。毎日「レキップ」紙に目を通し、試合を二、三戦観戦し、解説に耳を傾け、その解説がどのような点で的を射ているのかを考え、なぜそんなことが起きてしまったのか、ゲームの決め手はどこにあるのか、を自問している。それは私の人生、私の信念、私が情熱を注いでいるものに関しても同じことが言えると思う。それらの変貌に目を光らせ、思考をめぐらせていても、やはりサッカーはいつだってその真の姿、理想の姿を私に見せ続けている。何が起こるかわからない試合、選手たち、90分、目を見張るプレー、運の良さ、才能、ファイト、ある種の魔術、選手たちのプレーが与えてくれる感動、思い出、そして人生の教訓。

サッカーには結果重視のプレッシャーがつきものである。だからこそ、一歩身を引いて、俯瞰《ふかん》的に物事を分析する必要がある。クラブが飛躍を遂げるには、戦略構想、計画立案、そしてその実行という三つの柱がしっかりしていなければならない。

選手から監督へ

私は小さい頃からプレーをしてきた。素晴らしいサッカーを実践し、どんな試合にも全力を傾け、サッカーのことがいつも頭から離れない選手や監督のいるアマチュアクラブもいくつか経験してきた。彼らは試合のために二等の寝台車でフランスじゅうを駆け回り、朝早くストラスブールに戻ってきたその足で仕事のある工場へと向かう。それでも不満を口にすることなどなく、ただ次の試合に勝つことだけを願っている。こうした経験を共にする仲間との間には一生ものの絆《きずな》が生まれ、そうしたチームの監督たちは私にとっての教師だった。熱くありながら地に足がついた彼らは、サッカーへの愛を我々に伝えてくれた。

プレーすることには今でも幸せを感じる。どんなレベルであれサッカーをする人ならばそうであるように、子供の頃の興奮がよみがえるのだ。

試合のない一日は空しく感じるものだが、数か月前から楽しみにしていた、お気に入りのチームや興味のあるチームの試合中継を見逃すこともある。今でも好んで試合を観戦するのは、プレーや選手へのアドバイスについて考え、学び、理解を深めたいという気持ちからだ。しかし時には、そんな大切なサッカーに時間を割く代わりに、娘や友人と一緒に過ごすこともある。以前ならばまったく不可能だったことだ。とにかく、今はよりのんびりとした時間を過ごし、いろんな美しいものに目を奪われる。それは自然の風景であったり、ロンドンや、次第に過ごす時間の長くなりつつあるパリといった都会の風景であったりする。

試合にかけた人生

35年の間、私はトップレベルのスポーツ界に身を置いてきた。熱にうなされたかのように。芝居も映画も見に行かず、身の回りの人々に構うこともなかった。35年の間、リーグ戦、カップ戦、欧州クラブ大会など、一度たりとも試合に穴をあけたことがなかった。それには強靱な自制の精神を要する。私は今でも朝5時半に起床し、エクササイズとトレーニングをこなし、かつて選手だった時と同じような食事をとる。自分が好きでそうしているのか、それとも単に抜けられない習慣なのかはわからない。しかし、これが私の生活スタイルなのだ。こうした生活ができなければ、きっと不幸になるだろう。自分が送っている生活を愛することが幸せであるのなら、私は幸福な人間だと言えるだろう。

長い間、私にとって大事だったのは次の試合とその結果だけだった。そして、何よりも勝つことを第一に考えていた。私の時間と頭の中はその目標で一杯だった。自分の居場所は現場だけだった。自分にとって大切な人々と一緒にいても、心ここにあらずといった風であった。周りのことは何も見えていないか、あるいはすべてが赤と白に見えた。それは私が監督を務めたナンシー、モナコ、名古屋グランパス、アーセナルに共通する二つの色だ。美しいものも、愉快なものも、リラックスできるものも何一つ見えなかった。休暇を取る、楽しい時間を過ごすという考えが頭をよぎることもまったくと言っていいほどなかった。

夜は夜でサッカーのことが夢に出た。それは次の試合でどんな助言を与えられるか、とか、起用しようかどうか迷っている二、三の選手をスタメンで出場させるか、ベンチに控えさせるか、フラストレーションをどう鎮めるか、いかにモチベーションを維持させるか、といったことである。選手たちは幽霊のように私にとりついていたのだ。

私はよく冗談で、自分が「クサ」中毒だと友人たちに言っている。クサはクサでもピッチの草で、これによって試合が左右されることは少なくない。アーセナル時代はマニアックとも言えるほどの執念で、グラウンドキーパーと毎朝あれこれ話し合ったものである。この話をすると笑われるが、まったくの事実であり、文字通り私はクサの中毒なのである。

アーセナルを去ってから、いくつかのオファーを受けたがすべてお断りした。アーセナルの頃のような自由と権限を手に入れることはできないと判断したからである。しかし、FIFAのオファーは私にとって、これまでにない新しいチャレンジであり、サッカーについてまた違った角度から考え、共同作業ができると考えて承諾した。山あり谷ありの監督業に逆戻りするまでの一時的なものかもしれないが。

始まりの地はアルザス

サッカーのプレー、サッカーというスポーツそのものについて、私は様々なことを学んできた。そんな知識を多くの人と共有したいと思っている。そしてサッカーを愛する人々、サッカーに通じている人々はもちろん、このスポーツの持つパワーと美しさがよくわからない人たちにもそれを伝えてゆきたい。成功を収める方法、選手を勝利へと導く術《すべ》、敗北が与えてくれる教訓、そんなことも伝えてゆきたい。世界中でサッカーのプレーに確かな意義を持たせることに貢献したく思うし、出生地にとらわれることなく一人の選手の才能が評価され、育てられることになれば、とてもうれしく思う。

かつて指導した選手たちが幽霊のようにとりつき、次の試合のことが夢にまで出たと先に書いたが、今では別の幽霊が存在し、別の夢を見る。

数か月前、姉に続いて兄のギイが亡くなった。兄は5歳年上で、私よりも先にサッカーを始め、最初に私が一緒にプレーをした相手だ。それは子供部屋の中に始まり、両親が経営していた大衆食堂の2階、住んでいた村の通り、そしてドゥトレンハイムのクラブにまで至る。夢に見るのは私たちがまだ駆け出しだった頃や、兄の友人たちとサッカーをしたいがために何とか粘り倒した頃の自分だ。

夢に出てくるその時代は、アルザス地方が舞台である。故郷でありずっと住んでいたこの土地は私という人間を作り上げた。

その夢の中ではアルザスの訛りしか聞こえてこない。

その夢が、すべての始まりへと私を連れ戻す。

PART 1

サッカーを夢見た少年

村の子供

　私は昔から熱中しやすいたちであったが、その気質がどこから来るのかはよくわからない。その源《みなもと》はおそらく、私の育ったアルザスの小さな村、ストラスブールから数キロ離れたドゥトレンハイムにあるのだろう。ドゥトレンハイムの村は、長い年月ですっかり変わってしまった。あの頃の姿はもう後形もない。私は前世紀の、昔の時代の子供なのだ。初めてサッカーを覚えたなじみの路地。私を育ててくれた人たち。そんな中で私は成長した。地元のクラブの試合が行われていた競技場、至る所にあふれていたこの地方特有の雰囲気、子供たちの成長過程、そうしたすべてが変化した。当時の村では人間よりも馬が主役で、そのための鍛冶屋も3軒あったが、今はもうない。

　そんな、まるで小さな島のような村で生を受け、村の至る所にあふれる精神とここに住む人々によって、私という人間は形成され、肉づけされてきた。体を使って汗水を流すことが何よりも美徳とされていた世界で私は育ち、現在の私、かつて選手や監督であった私、サッカーのことばかり考えている私が形作られたのだ。

当時、この村は他のアルザスの村と同じように、地元意識が強く、キリスト教の価値観が大きな影響力を持っていた。村人同士で知らない者はなく、下の名前ではなく名字で呼び合っていた。私たちは母の旧姓から「メッス」と呼ばれた。生活の範囲は両親の大衆食堂、学校、教会、村役場、商店街、サッカー場の間に限られていて、そこから2キロほど離れた鉄道駅は誰も利用していなかった。村人同士の助け合いで十分生きていけるこの場所から出ていく理由などなかったからだ。

村を一歩外に出ると、畑が広がり、私はそこで週末も学校の休暇期間も含めて長い時間を過ごし、祖父母や両親の友人たちと同じように、畑仕事や牛の乳しぼりを覚えた。自分の体を駆使して働く人間が重宝される農村の世界。知り合いの人々は農業に従事し、それで生計を立てていた。私はそんな彼らが大好きだった。もちろん、生活はつつましやかで、タバコ、小麦、ライ麦、てん菜、ジャガイモが主な作物だった。当初はトラクターがなく、人と馬の力だけが頼りだった。村に最初のトラクターが来たのは私が14歳、1963年のことだ。父方の祖父母も1機所有していたが、この村でトラクターを2機所有することは富の証《あかし》であった。

厳格で言葉少ない彼らは、日曜の朝にミサへ行き、可能な限り両親の大衆食堂に立ち寄り、14歳の少年にタバコと腕時計を与えてくれた。14歳とは、彼らいわく、学校を出て工場に勤めるか、畑に出るか決めるべき年齢であり、言わば大人への入り口であった。村の外の世界は存在しないも同然だった。友情も恋愛もそこで育み、仕事をするのも、子供が成長するのもそこであった。

そんな閉ざされた世界でも、私たち子供は自由で、何物も恐れず、お互いに信頼し合って生きていた。悪さや間違いを犯すと、それは口伝えで村中に広まり、すぐさま叱られたものである。宗教も、行いの正しさや道徳、真実といったことに関して明確な指針を与えてくれた。村の子供たちはいつも一緒に行動し、路地や畑で大きくなった。しかし、それぞれが持つ夢は違っていた。

父

私の父は村で一目置かれた存在だった。合理的で浮ついたところがなく、仕事熱心で信心深く、まったく真っ当で何事にも理解のある人だった。父の持つ価値観が与えてくれたものは大きい。それは、進むべき道を開かせてくれたし、後に試練や酷い裏切りに立ち向かう強靭な力にもなった。

父はいわゆる「マルグレ＝ヌー」と呼ばれる、第2次世界大戦でドイツに徴兵されて故国を敵に回さなければならなかったフランス人の一人だった。父は戦争について一言も語らなかったけれど、私は父の勇気と控えめな態度を尊敬し、父がどんなに辛い体験をしてきたのか推し量ることができた。私が生まれたのは戦後の１９４９年10月22日だが、この地方の多くの子供たちと同様に、私の子供時代には戦後の独特な空気と、多くの家族が経験した悲劇が影を落としていた。
父は14歳から17歳までブガッティの工場に勤め、それから母と食堂を始め、後に部品工場を立ち上げた。一日も休まず働き、1週間の休暇さえとることはなかった。彼の一日は朝7時に食堂を開けることに始まり、それから工場へと向かい、夜の8時に帰宅してからさらに食堂の切り盛りをした。この両親の食堂で地元サッカークラブの会合が行われ、クラブの成績や次の試合の予定などが貼りだされていた。毎週水曜日の夜、1923年に創設されたクラブの人々がここに集まり、日曜日の試合について話し合った。私と兄がしょっちゅうサッカーで遊んでいるのを見て、また私たちの熱中ぶりを感じ、それほど腕も悪くないと思ったのか、父はクラブのジュニアチームを作り、そこで私は兄と共に本格的にプレーを始めることになった。

父はおそらくサッカーのことが好きだったのだろうが、そんなことは本人の口からは一度も聞いたことがない。父にとってサッカーは村を活気づけ、健全な戦いを見せ、人々を楽しませる娯楽に過ぎず、ずっと追い続けていける夢や、何よりも情熱を傾ける対象の類《たぐい》ではなかった。それは父に限らず村中の人間にとっても同様だった。だから、父も母も私がサッカー選手になるなどとは夢にも思わず、想像することさえできなかった。それは私の兄にも同じことが言えた。彼は優れた選手で、中盤のセントラルディフェンダーだった。兄の実力は申し分なかったが、何かの鍵というか、きっかけというか、自信のようなものが欠けていた。両親や兄にとって、サッカーは単なる娯楽であり、職業にはなり得ない。職業とはもっと真剣なものであり、何よりもそれで食べてゆかなければならない。だからサッカーが職業になるなどあり得ないことだったのだ。

勝利を祈る少年

肉体労働と愉快な時間、どちらも全力で取り組んでいたその数年間のことは今でもよく覚えている。

子供の頃の私は、非常に自由闊達であったが、同時にひとりで過ごすことも多かった。母は以前よくこう言っていた。「部屋にあなたひとり残していてばっかりで、ちっとも構ってあげられなかったわね」。私の独立精神はこうして生まれたのではないだろうか？　学校と畑と教会の中で育ち、少しでも時間があれば街角や中庭、公園でサッカーをした。兄もそうだったし、昔から村の少年たちはたいていい皆そうだったと叔父も言っていた。この時から私の頭の中はサッカーで一杯であったが、サッカーという存在は私の中で少しずつ大きなこだわりへと変化していった。

思い出せる限りで人生最初のサッカーの思い出は、5歳か6歳の頃、地元チームのプレーを観戦していた時に、こっそりと離れた場所に行き、持ってきていた教会で使うミサの本を手に、一心不乱に彼らの勝利を祈っていたことである。

そんな幼少の頃からすでに、自分たちのチームが弱いとわかっていて、ならば勝つためには奇跡や神の手助け、そして自分の信仰の力が必要だと思っていたのだろうか？　もうすでにこの時から私には勝利へのあくなき欲望が備わっていたのだろうか？　幼くても、不可能な夢だとわかっていても、白星、勝利の感動、敬意を抱かせるような美しいプレー、そんな夢を見させてくれるサッカーこそ、私がたった一つだけ信仰できるもの、たった一つの希望だと、理解していたのだろうか？とはいえ、年月を経て齢《よわい》を重ねた私は、ミサの本に勝利を願うのではなく、優秀な選手と完璧な準備をしようと考えるようになった。神頼みよりも理性に訴えるようになったということだ。

私がいかに勝つことを熱望していたかをよく表すこんな思い出もある。アドルフ・コシェーという農夫がいた。畑仕事の時に私は彼とよく一緒になり、仕事を回してくれたり、彼が休んでいる時に私が手助けしたりすることがよくあった。私たちは地元チームの芳《かんば》しくない成績についてあれこれ意見を言い合い、前回の試合を振り返るなど、サッカーの話題が尽きなかった。ある日、彼は自分がいかに優れた選手であるかを自慢し、自分がチームに入れば必ず白星を挙げられると言い放った。「次の試合に出るから、見てなよ」。それからというもの、次の試合が来るまで私は彼がプレーする姿を想像し、ゴールを挙げる瞬間を夢見た。ところが、彼は次の試合に姿を見せなかった。彼の言ったことはまったくの嘘だったのだ。何もかもが崩れ去った。小さい頃の私は、チームに何が何でも勝ってほしいと願っていた。一番になること、勝利を挙げることしか頭になかった。

クロワ・ドール

両親の食堂は村の心臓部と言ってもよかった。見た目はアルザス地方にある数多くの大衆食堂と何ら変わったところはない。年中営業し、店の真ん中にはストーブがあり、20席ほどのテーブルは、次々にビールを流し込み、フィルターのないゴロワーズを吸い、サッカーの話が尽きない男たちで埋め尽くされていた。地元のチーム、隣村のチーム、次の対戦相手、敬愛してやまないレーシング・ストラスブールのことになると大興奮で、ビールもタバコもどんどん増えて、大声を上げたり、喧嘩が起きたり、気を失う者もいた。

「クロワ・ドール」という名前のその食堂は、私にとっては学校のようなものだった。客の話に耳を傾け、一番大声を上げて話している者、嘘をついている者、気取った者、影の薄い者と様々な人々が口にする予想や怒りの声、試合分析をキャッチした。

だがやはり大事なのは言葉ではなく行為である。そう教えてくれたこの場所は、私にとって、人間と集団生活についての観察眼を養うことのできる学びの場だったのだろう。そんな客たちがしゃべり続ける一方で、父はずっと無言だった。

私は10歳か12歳の頃になると、給仕をすることもあった。その時でも客の会話を聞き、観察して、彼らの話していることを理解しようと努めた。私が選手や監督という人間そのものを愛してやまないのは、彼らが皆情熱を持っているからだ。そして、彼らの話を聞き、どんなタイプの人間か把握しようとするのが好きなのは、あの食堂に来ていた客たちのおかげだ。

彼らからは熱意は受け継いだが、アルコール、喧嘩、暴力などの行きすぎた態度は、当時子供だった私を震え上がらせ、すっかり嫌気がさしたので、あんな風にはなるまいと心に決めた。食堂の客であり、自分の尊敬している人が酒を浴びるように飲み、時には暴力的になる姿を見るのは辛かった。体を張って彼らをなだめることもあった。子供の私にはショッキングなことだったが、それが私に強さと驚くほどの直感力を与えてくれた。


タバコの煙が充満した食堂での仕事が終わると、自宅のある2階に上る。私は普通の家族というものがよくわかっていなかった。何しろ、両親は朝から晩まで働きずくめだったのだから。食堂で二人一緒に働いているか、あるいは母が一人でそこを切り盛りする一方で、父はストラスプールで自分の立ち上げた自動車部品工場で仕事に励んでいた。

私の両親は14の時から働き始めた。母は早くに両親を失い、孤児となった。二人とも勇気と粘りのお手本のような人物で、不平不満を口にすることなどほとんどなく、耐えてきた。家族全員そろって食事をしたことなどなく、会話もほとんどなかった。姉は10歳、兄は5歳年が離れている。末っ子の私は何かと守られがちな存在だったが、その一方で、何でも一人でできるよう適度に放任され、周囲の人々を観察し、彼らの真似をして早く一人前になろうと背伸びしていた。

自宅では至る所に格好の観察ポイントがあったのだ。誰にも気づかれずに、大人たちの見苦しい部分や行きすぎた部分を反面教師とする一方、豊富な経験、情熱、努力を惜しまない態度、人生の荒波に立ち向かう勇気、そしてつつましくも明るい生活といった彼らの良い部分を吸収した。

そういう彼らの夢はその生活範囲の中にとどまり、外へ向かうことはなかった。だが私は、よその町、よその地方がどんなところなのか、知りたくてたまらなかった。自分をとりまくこの人々がやがてその生活スタイルや習慣、60年代という時代の精神を失うことになるだろうとも感じ、ここを出て行きたいと思っている自分にも気がついていた。たとえそれが後ろめたさを感じさせるものであっても。しかし、完全にここを捨てることはない。ここはいつだって私の生きる世界なのだ。

だが両親、そして兄と姉は、私がこの世界から離れたことに対して、そしてすべてをさらっていったサッカーという情熱に対して苦々しい思いを抱いていたに違いない。彼らの口から誉め言葉をもらうこともあまりなかったが、その一方で自分たちがどんなに悲しい思いをしたのか、そんな恨み言も一言も聞いたことがない。とりわけ兄は辛かったのではないかと思う。それでも、兄弟仲は良好で、アーセナル時代には兄は試合を欠かさず観戦し、私がミスを犯した時はいかにも兄貴らしく私を叱りつけたものである。

私のサッカーへの情熱がどこから来ているのかを考えると、故郷の村へのフラストレーションなのではないかと思う時がある。故郷の村では大きな事件など起こらない。村の世界は小さい。わずかに交わされる言葉、地元チームが負けた試合、年に2回だけ叔父が連れて行ってくれたストラスブールのサッカー場とは似ても似つかぬ原っぱの競技場、チームが負けた時に流した涙。これが村の世界だ。

監督のいないサッカー

少年時代のことを思うと、はっきりと覚えていることがいくつかある。

道端でサッカーをして遊んでいた時のことだ。

当然、ユニフォームも着ていなければ監督も審判もいない。ユニフォームを着ていないということは、常に頭を上げて、離れた場所の味方と敵を見分けなければならない。これは深い観察力を養えるという点で貴重な経験である。監督がいないという点はどうか。若い頃ならば、自分たちでゲームを引っ張ってゆく力をつけるという点でこれもまた貴重な経験だ。だが今の時代は、まったく逆の方向に向かっているのかもしれない。

子供の頃のサッカーでは、チーム作りはまったく適当か、あるいはメンバーの中で最もプレーに長《た》けた二人がそれぞれキャプテンとなり、それぞれが欲しいチームメイトを選ぶというものであった。

私は同じ年頃の少年たちとよく一緒に遊んでいた。今でも続いている彼らとの友情は、私の宝物だ。皆同じ場所で育ち、同じ教育を受けているから似たり寄ったりで、同じ考え方をしている。

しかし、兄と同年代の、年上の子供たちと遊ぶこともあった。年上の者と遊ぶ時、年下の者は普段以上にガッツと狡猾《こうかつ》さを見せ、恐怖心を抱かないように気を張り詰めていなければならない。同年代の子供たちとでも年上の子供とでも、私は自分がその場を切り抜け、皆から受け入れてもらえるはずだとすぐに感知した。

この時のサッカーは遊びだったが、良い選手、健闘した選手、頼りにできる選手というものは本能的にわかるもので、それは勝つことと同じくらい大事なことだった。

たいていの場合、口論や喧嘩の末に試合はお開きになった。また、けがをしても代わりがいないので、そうなると別のポジションでプレーすることを余儀なくされる。歯を食いしばり、食い下がることが求められる。

兄と私は部屋で、自宅前の道で、食堂の裏にある庭で、四六時中練習をしていた。それでも、二人が言葉を交わすことはなかった。兄は私のことをただのチビだと思っていたのだ。だから、そんな兄に一目置かれるためには、何よりもプレーの腕を上げる必要があった。

私と兄は、競技場のある場所まで徒歩で通い、他の村のチームと対戦する時もまた、彼らの競技場まで歩いて出かけた。すべてはこの2本の足で二つの違う世界を行ったり来たりしていたのである。

私たちは子供のアマチュアチームだったが、伸び伸びと、陽気で熱気あふれる素晴らしいチームだった。しかし、メンバーの一人が、やれ宿題があるとか、昼ご飯を食べに戻るとか、教会学校の世話をしなければならないとか、なんだかんだといった理由で帰ってしまい、試合が中断されることもあり、そんな時は本当に悔しい思いをしたものである。ともかく、このチームでは要領の良さ、粘り、プレーへの情熱、そして体力を養うことができた。今の私があるのはそのおかげだと思う。

また、村で四つのチームによるトーナメント戦が開かれることになり、司祭が各チームを祝福すると、選手たちは両親の食堂で着替えを済ませ、それから村を練り歩いた。言わば村にとってのワールドカップだ。大きな喜びはこの後の人生でいくつも経験してきたが、この時の喜びは一生忘れられない。

このエピソードを思い出したのは、私が敬愛してやまないあるセルビア人選手の話を聞いたからだ。彼は私の村と似たような場所で生まれ育ったが、そこは、より貧困にあえぎ、本当に何もない田舎の村であった。彼が幼少の頃叔父から、真新しくまぶしい純白のサッカーボールをプレゼントされた。しかし、ボールが汚れてしまうのを恐れて、彼とその兄はボールを地面で転がさず、頭だけで使うことを決めた。たった一つしかないボールだから大切に使い、長持ちさせなければならない。そしてある日、彼は出場した試合でベオグラード・レッドスターの監督の目に留まった。彼は自身が作り上げ、磨き上げていったヘディングの技によってチームへと迎えられたのだ。もし彼がボールを20個も持っていたら、いったいどんな選手になっていただろう?

贈り物のボールを傷めたくないという思い、プレーに明け暮れる姿勢、その熱意とトレーニングのおかげで突出した技を磨き上げる、このエピソードはどこをとっても私のお気に入りである。白いボールは私にとっても神聖なものであったし、それは今も同じだ。

村で育まれた自分

私はこうしたサッカーの世界からやってきた。もし私の両親がサッカーに熱をあげて私を大いに後押ししてくれて、5歳の頃から監督の指導を受けられる養成スクールに通わされていたら、どうなっていただろう。あらゆるマニュアル本を読みつくし、観戦できる限りの試合をテレビで見ていたら、私はいったいどんな選手、監督になっていただろう。

小さい頃にサッカーをテレビで見ることがなかったのは、家にテレビがなかったからである。学校では時々テレビで試合を見ることがあった。子供たちがそれぞれ1フランずつ出し合い、白黒のテレビで観戦するのだ。

あれは確か私が11歳の時、1960年のヨーロピアンカップの決勝戦を学校のテレビで見た。この時はレアル・マドリーが7対3でアイントラハト・フランクフルトを下した。当時の私はRCストラスブールとドイツのメンヒェングラートバッハのファンだったが、レアル・マドリーも大好きだった。私にとっては最も強く、美しいプレーを見せ、他を圧倒するクラブであり、あの真っ白なユニフォームもまぶしかった。コパ、ディ・ステファノといった私の尊敬する選手が当時在籍していたレアルは、まさに夢のクラブだった。それから長い年月が流れ、アーセナルの監督を務めていた時、レアルから2度にわたってオファーを受けたことがあった。子供の頃熱狂したクラブからの誘いを断るのは断腸《だんちょう》の思いだったが、私はアーセナルで大きな任務を任されていた。約束は反故《ほご》にできない。

もっとも、私はオファーを断った回数が最も多い監督かもしれない。PSG、ユヴェントス、フランス代表、日本代表、いずれも首を縦に振ることはなかった。断るのはいつだって非常に心苦しいものであるが、約束は守らねばならないという考えも子供時代の経験から来ていると確信している。

テレビで見るようなサッカーの世界は、はるか彼方のものでそう簡単に入れるものではなかった。私がその世界で生きることになるとは周囲の誰一人として思っていなかった。しかし、サッカーに一生を捧げたいとひそかな野望を抱いていた私は、もしその夢が実現できなければ自分は不幸になると確信していた。他の村人と違い、私は村から出て、本物の芝生の上でプレーし、本物の戦いに臨みたいと願っていた。

村で過ごした子供時代は、希望と新たな発見の時間であった。遠い国、とりわけアフリカ諸国から来た選手たちと話をすると、幼少期をどのように過ごしたか、どのような環境で育ったか、そしてその環境がいかに彼らの肉体と性格を作り上げるか、ということが非常に重要だと痛感させられる。

アルザス地方での幼少期は、規律、道徳観念そして忍耐強さを与えてくれた。それは身体的にも同じことが言え、その名残は今でもある。たとえば、私は脊椎の上部に凹《くぼ》みがあり、これを見た医者は、40歳になれば車いす生活を送ることになるだろうと口々に言っていた。凹みの原因は、木炭の入った重い袋を担ぎすぎたせいだろうと思われていた。今でも凹みはあるが、ジョギングするのに支障はなく、両足でしっかりと立っていられる。

優れたサッカー選手になるには技術はもちろん大切だ。技術が身につくのは7歳から12歳の間と、非常に若い頃である。しかし、それだけでは十分ではない。恐怖に立ち向かう姿勢、決断力、粘り強さ、常に一定のペースを維持すること、連帯意識、そしてまた、時には羽目を外すこと、燃えたぎる情熱、そうしたものも若いうちに身につくものだ。

私は子供の頃からすでに、自分自身の実力を把握し、自分の限界と対峙し、それを超えてみたいと思ってきた。サッカーはそんな限界へ挑戦するための手段だった。肉体的、精神的に不十分な部分を良しとせず、それを理解し乗り越えたいと思っていた。村ではアルザス訛りばかり使っていたので、学校での授業はよく理解できず、勉強は怠けていた。両親は仕事で忙しかったので、私はその点で自由を謳歌《おうか》し、学校ではほとんど「お客さん」のような振る舞いだった。

しかし15歳の時、私は幸運にも自分のいい加減さに気がつき、それからは猛勉強してすべての科目で皆に追いついた。自分はやればできる、それがよくわかった。バカロレア取得後、ストラスブール大学で経済学の学士号を取った。そこで学んだことがクラブの経営、予算計画、投資、選手の獲得といった事柄を把握するのに大いに役立った。また、大学を卒業してしばらくの後、29歳の時にもっと英語がうまくなりたいと思いケンブリッジで勉強した。英語はこれからのサッカー界で絶対に役に立つ、私はそう確信していた。


14歳、それはカトリックのコミュニオンを受ける年齢であり、村の少年たちが大人たちからタバコと腕時計を贈られる年齢だ。少年たちが大人になり、工場へ働きに出るか畑仕事に出るかを決める年齢。すべてが変わった。私は工場へ働きには出なかったが、腕時計はもらった。タバコはもっと後になってから、カンヌで友人のジャン＝マルク・ギユーと共に、何時間も夜を明かしてサッカーについて語り合った時に吸い始めた。

両親は食堂を売却し、母は仕事を辞め、父は自分の会社での仕事に専念した。

そして一家は父が建てた家へと引っ越した。残っているのは、ドゥトレンハイムのジュニアチームでプレーしたサッカー、食堂での思い出、そこで過ごした年月、そこで学んだこと、地元クラブの会合、みんな昨日のことのように覚えている。

PART
2

プレーヤー時代の私

県リーグの下っ端

60年代、私と兄は地元ドゥトレンハイムのチームでプレーしていた。私たちはそれなりに良い選手だったかもしれないが、そこでは何もかもが一からのスタートのようだった。

私たちには才能がある、村でもトップクラスだとクラブの人々は言ってくれたけれど、それはあまり意味のないことだった。何しろ、私たちのクラブは県のリーグの下っ端で、よく負けていたのだから。

しっかりと準備を行い、持てる限りの熱意を込めて試合に臨めば快勝したこともあったし、みんなで力を合わせた素晴らしい戦い、選手同士の衝突、また、監督がいなかったので自力で何とか切り抜ける要領を覚え、判断を下したことなどをよく覚えている。

チームのカラーは赤と白。偶然にも私が後に監督を務めたチームと同じ色の組み合わせであった。

私たちは練習らしい練習も行っていなかった。日曜の試合に向けて水曜日の夜に皆でプレーしていた程度で、そのやり方もかなり滅茶苦茶だった。試合前の準備といっても、会合で誰が出場するかを決める程度。村の競技場では照明設備が整ったばかりで、ようやく夜遅くまで練習できるようになったぐらいである。後に他のクラブや地方リーグで、より設備が整い、しっかりと監督の指導を受けているチームの実態を知ることになり、ドゥトレンハイム時代が私にもたらした強さも弱さも思い知った。

とりわけ、身体能力の完成度不足が大きな痛手だった。村は徐々に外の世界へと開かれるようになり、チームには他所《よそ》から来た選手も二、三人いたが、彼らを除くと皆同じ村の出身で、フィジカルトレーニングの類は、ランニングでさえもまったく行っていなかった。

身体トレーニングの不足、そのためのきちんとした計画性や環境の不備の埋め合わせとして、私はがむしゃらに、そしてとにかく気合いを何倍も込めてプレーしていたのだと思う。単に余暇として、またサッカーがダンスパーティーと並ぶ村で唯一の娯楽だったからプレーしていたのではない。勝つためにプレーしていた。もっとも、私はダンスもかなりの腕前だった。誰に教わったのでもない、相手をしてくれる女の子を誘い、あとは勢いに任せ、恐れずに踊ってみるだけだ。それは泳ぎを覚えるのと同じようなもので、当時は今のように水泳の先生などいなかったから、勝手に水の中に放り込まれ、あとは自力で何とかするだけだった。

日曜日の試合は毎回、まるで人生を賭けているかのような気分で戦った。試合の前も後も気が張り詰めて、負けを認めたくなくてイライラすることも多々あったが、試合中は解放感で一杯だった。とんでもないほどのパワーがみなぎっていた。そうして徐々に、自分はこの極度の緊張感が、ピッチでプレーする90分間の試合と同じくらいに好きだということがわかり始めた。プレーすることにすっかり心を奪われ、プレーのことだけを考え、他のことは一切気にかけなかった。ある時など、試合中に雨が降ってきたのだが、試合が終わって控え室に戻り、ユニフォームがびしょ濡れになっているのを見て、ようやく雨が降っていたことに気がついたなんてこともあった。全力をかけてプレーすること、自分の力と苦痛に向き合うことが好きだった。どんなにきつくても、どんなに痛くても、もっと速く走る。それはサッカーの一部であり、ドゥトレンハイムの時代でも、私はそうした自分自身の中での力のせめぎ合いを模索していた。

そのことが、他のチームで自分の力を証明したい時、パスをうまく受けられない、もしくは送ったパスが自分の望んでいたほど正確に決まらないといったテクニック不足をカバーする時、自分の身体能力が不十分だと感じた時などには大いに役に立った。しかし、それよりももっと大事なことがあった。あの小さなクラブでプレーしていた時からずっと理解していたこと。それはプレーを愛すること、ピッチで自分をさらけ出すこと、自分の限界を越えようと頑張り、猛進することである。一対一の対決の場面も好きだった。私は粘り強く食い下がっていた。また、自分には戦術を分析できる才覚があることもかなり早い時期に悟った。

人生を変えた試合

当時一緒にプレーした仲間たちの中には今でも友達づき合いをしている者もいて、彼らと一緒に挙げた白星は村の誇りだった！

しかし、私の人生を変えたのはそんな白星ではなく、7対1という大敗を喫したある試合だ。

私が中盤でプレーしていたドゥトレンハイムはその日、ASムツィグと対戦した。マックス・ヒルドが監督を務めていたムツィグは、ドゥトレンハイムとは比べ物にならないチームだった。れっきとした監督がいて、CFA（フランスアマチュア選手権）で戦い、事前準備も真剣さも、ドゥトレンハイムにはないものばかり。県の3部リーグでプレーしていた私たちに対し、彼らは全国の3部リーグで戦っていた。

試合は散々な結果で終わり、私は自分自身に対して怒りと失望を覚えていた。対戦相手の選手たちは知り合いで、とりわけ同じ中盤でプレーし、今でも親交があるジャン＝マリー・デュトンは後にこんな話をしてくれた。

試合後、監督のマックス・ヒルドが控室に来て選手たちにねぎらいの言葉をかけた後、「いやしかし、今日は本当に素晴らしいミッドフィルダーがいたね。あれは大物だ」と言った。自分のことを褒められているのだと思ったデュトンは立ち上がってそれにこたえようとしたが、監督は負けたチームの中盤である私のことを言っていたのである。このことをデュトンは今でも少し根に持っているようだが、私たちの友情は変わらない。彼はよく冗談交じりに、私の最初のガールフレンドと結婚してその恨みを晴らした、と言っている。

敵とぶつかり合い、お互いを尊敬し合い、そして一生ものの友人ができる。これもサッカーの醍醐味であった。

監督、マックス・ヒルド

この試合を機にすべてが変わった。私は1969年にASムツィグに加入し、そこでようやく本来のトレーニングの姿、新たな広がり、新たな駆け引き、新たなチャレンジを目の当たりにした。特に、私にとってのサッカーの父でありモデルとなる監督との出会いは大きかった。

マックス・ヒルドは1932年生まれ。生粋のアルザス人で、サッカーをこよなく愛する。生まれ故郷ヴェイエルシェイムで選手としてのキャリアをスタートし、その後RCストラスブール、1部リーグで輝かしいキャリアを積んだ。ビシュヴィレールやヴィッティスハイム、後に監督を務めるムツィグでプレーしたこともある。選手時代は中盤のパスの名手で、背番号は6だった。地元のビール製造業者がスポンサーのムツィグで1966年に監督に転身。彼は戦術に長け、プレーへの愛にあふれ、新しい才能を発掘しその力を伸ばすことにかけては他に類を見ない感覚を備えていた。

ヒルドは身長167センチと小柄で、強烈なアルザス訛りでしゃべる。そのおおらかさ、包容力、サッカーへの好奇心と情熱は、私の中にあった情熱を呼び起こし、さらに増大させた。彼は私の焦りや、実力を伸ばし、プレーし、いろんなことを吸収したいという強い欲望を察知し、試合に出るチャンスを与えてくれた。口数は少なく、私のどこに目をつけたのか、なぜあの試合で私を起用したのか、などを説明することはなかった。その答えも、誉め言葉も、励ましの言葉も、行動を通じて伝わった。

ヒルドがいてくれたおかげで、また私自身にもそれなりに実力があったので、選手として活躍できた。そして、監督になれたのも、彼のおかげだと思う。ムツィグの後、私はミュールーズ、ヴォーバンそしてあのRCストラスブールでプレーを続け、ミュールーズではポール・フランツ、ストラスブールではジルベール・グレスら、素晴らしい監督たちと出会った。グレスはヒルドより前にストラスブールを指揮し、フランスリーグ王者に輝いた。

彼らは皆サッカー狂いで、厳格で自分の実力以上の力を発揮することを目指し、懸命にプレーするアルザス風のサッカーそのものだった。もっとも、彼らはお互いに旧知の仲で、尊敬し合っていた。ポール・フランツはストラスブールで選手時代のジルベール・グレスを指導し、ヒルドはアマチュア時代のグレスと一戦を交え、そのグレスが今度はストラスブールの養成所の監督としてヒルドを呼び寄せ、その際にヒルドは私も一緒に連れて行った。

こうしたつながり、キャリアの交差、相互援助は素晴らしいと思う。あの頃は忠誠心と友情が大きな意味を持っていた。そうして私は、ムツィグを離れてからはヒルドの後を追い、彼から呼ばれればどこへでも飛んでいった。ヒルドこそ私に最も影響を与えた人物だ。彼は2014年に亡くなった。その時には当時の選手が彼の墓前に集まり、それぞれが無言で彼に対する感謝の気持ちを表した。

ヒルドはムツィグでメンバーを団結させ、チームに独自の空気を作り上げた。選手同士の、そして監督とのこうしたつながりや友情はいつまでも残るものだ。プレーも、練習も、食事も一緒にこなし、サッカー議論に花を咲かせた仲間たち。ほとんど四六時中一緒に時間を過ごし、私はそこで多くのことを学んだ。しかし、最初のうちは戸惑ったものである。

まず、劇的なリズムの変化に対応しなければならなかったことが一つ。練習らしい練習をしてこなかった私が、週2回のトレーニングをすることになり、最初のうちは手加減がわからず、がむしゃらに動き回り、土曜日にはすっかり疲れ果てた状態だった。

また、自信の面でも、自分が本当に皆と同じレベルなのか不安になることがあった。練習ではよく他の選手たちから試されたものだ。私に足を引っかけ、倒れてそのまま何事もなかったかのように続けるか、腹を立てて食ってかかるか、それともすっかり気落ちしてしまうか、私の反応を見ようとされたことがあった。そんなことがあったからこそ、新しいチームに入ったら早いうちに仲間に対して「俺を信用してくれ」と宣言する必要があることを悟った。自分の存在を知らしめ、そのために闘う術を学んだのである。

また、不安をパワーに変えることも学んだ。他人の判断に対する恐怖、自分のプレーの結果への恐怖、そうした恐怖のせいでピッチでの動きが鈍くなり、前へ前へと進めなくなるようなことは絶対にあってはならないと感じていた。

そんな時、ヒルドの役割は極めて重要だった。ムツィグでプレーを始めた頃、私はまだ実力を発揮できず、自分の居場所を見つけられなかった。ヒルドはそれでも私に賭けた。私を出場メンバーに残してプレーさせた。選手にはある程度の時間を与えなければならないという教訓だ。ただ、現在のサッカーを取り巻く状況の中ではとても不可能であろう。今の選手たちはプレーする準備は整っているが、何しろ時間がないのだから。

新しいクラブへと移るたびに、また一から学び、実力を証明し、自分の欠点を乗り越えなければならなかったが、私はそれを懸命にやってのけた。そして、ムツィグ、ミュールーズ、ヴォーバン、ストラスブールと、プレーしてきたどのチームでも、そして、監督を務めたどのクラブでも、人生は苦難の道のりであり、それは私たちの感じる恐怖や内面の様々な思いとともに私たちを成長させてくれるものであるといち早く理解した。

移籍を重ねストラスブールへ

ムツィグを離れ、1973年にはFCミュールーズにスカウトされた。このクラブで私はポール・フランツと出会った。ムツィグでの時と同様に、ここでも初めのうちは波に乗れず、最初の1年間は非常に辛かった。自分のカラーを打ち出せず、負傷もした。ムツィグで得たような自信も、成功も、プレーする環境もミュールーズでは見出せなかった。しかし、2年目は打って変わって好調で、その間も躍起になってトレーニングを行い、実力を上げようと努力し続けた。努力は報われ、また何よりも、そうした努力がチームの中に私の居場所を与えてくれたのである。それに、私はチームの実力を疑ったことなど一度もなかった。

クラブが財政的に困難な状況に陥った時、私は他の選手たちから指名され、もう二人の選手と共に給料とボーナスの交渉役を任せられた。クラブと選手の利害を同時に考慮しつつ、金銭についての交渉を行うというのはおそらくこれが初めてのことであっただろう。その結果、シーズン中は給料の50パーセントを保証され、リーグに残留できれば残りの給料が支払われるということで何とか合意に達した。全員が納得できるような公平な妥協案だと思っていたのだが、後になって一部の選手たちが勝手にクラブの会長と個人的な交渉を行い、給料の全額を受け取っていたと知った。そのうえ、シーズン終了後に私はヒルドについてASヴォーバンへと移ったので、支払われるべき残りの50パーセントは結局もらえずじまいになってしまった。

こうして、ミュールーズは後の私のキャリアに大きな影響を与えた場となった。自分はチームのことを第一に考え、選手たちと役員の懸け橋となって交渉するのが好きだと知ることになったし、時には犠牲を払い、自分たちがその報酬に値する選手だと実感できるのは大切なことだと思った。もちろん、そうした場面では嘘や裏切り、裏工作なども時々目にすることになるのだが。

ヴォーバンで数シーズンプレーした後、またもヒルドのおかげで、1978年にRCストラスブールの一員となった。夢がかなったのである。小さい頃からのあこがれだったこのクラブは、私にとってどこか近寄りがたい神聖な存在だった。だから、私はクラブのために全力を尽くそうと誓った。トレーニングには一番乗り。そして必要があれば一日に4セッションのトレーニングもこなした。スタジアムが私の生活のすべてだった。時間がたつのも忘れ、住まいもクラブから10分ほどのローム通りという場所に借りた。それでも、自分を犠牲にしていると感じたことはなく、自分が望んでいたクラブにいるのだから、これで当然だという思いだった。

コーチとしてのキャリア

ストラスブールでは選手であると同時に、養成所の責任者であり、ユースチームのリーダーでもあった。これまたヒルドのおかげで選手とコーチという二足の草鞋《わらじ》を履くことができたのだ。ヒルドとは何時間も話し合い、ありとあらゆる類の試合を観戦しに行き、中でもドイツにはよく足を延ばした。ストレッチから試合終了まで、私たちはどんなことにも目を光らせた。朝の4時や5時になってようやく家へ戻ってくるなんてことも時々あったが、これは非常に勉強になった。私が監督になれると最初に感じたのはおそらくヒルドと一緒だったこの頃だろう。養成所のコーチの役を私に与えてくれたヒルドは、彼が1軍チームの指揮役から外された時、そのコーチの役に就くことができたのに、「今度はお前の番だよ」と言って、受け入れなかった。

養成所ではあらゆる仕事をこなし、私はとても充実していた。仕事の内容はすべて現場で覚えたと言っていい。選手へのマッサージ、テーピング、選手の両親との面談や、移動の準備など。彼らのトレーニングはできる限りすべて観察し、状況を理解しようと努めた。テクニックに関しても、私はまだ基礎的な知識も深い理解もなかったので、それに関する本を読み漁った。後になって、スポーツ指導者養成学校CREPSに通い、ヴィシーの国立サッカー研究所でも研修を受けた。

後に監督になった私が振り返って考えてみると、ストラスブールは私ができることを実験する研究所のような場所だったと言える。幸運なことに、誰もが私を信頼してくれて、養成所でのことは私にすべて一任されていたも同然だった。新しいメソッドを追求し、見出し、選手たちが本当に必要としているものを提供したいと強く思っていた。

しかしここでもまた不安が私の頭をよぎった瞬間があった。当時私は30歳になったばかりで、18から19歳のユースの指導を行っていた。さて、彼らに何を教えてやれるだろう？　ありとあらゆることを思い切って試してみなければならない。たとえば、クラブに最初に精神科医を呼び寄せたのは私である。彼には週一度来てもらい、選手一人一人と会い、彼らに自己診断ができるよう、また恐怖を克服できるよう手助けをしてもらった。これは当時まったく例を見ないことで、そうしたサポートをするクラブが今日でも多く存在しているのかどうか、私にはよくわからない。

また、選手たちの精神力を鍛えようと試み始めたのもストラスブールでのことだ。結果重視の傾向はプレッシャーとなりがちだが、優れた選手たるものはそのプレッシャーに押しつぶされることなく、常に最良の解決策を選択できるようゲームを明確に分析する必要がある。

コーチとしてのキャリアを積み重ねてゆくなかで、多くの人々とのかけがえのない出会いがあった。アルザスで活躍していた人々の中に、私に監督の基礎を教えてくれたテクニカルコーチのジャッキーとピエロのドゥミュ兄弟がいる。ピエロとは、ストラスブールのCREPSで長時間激しい議論を交わしたものだ。

そして、ペトレスク。ルーマニア人の研究者で、監督という仕事について講演を行うためにCREPSにやってきた。彼はサッカーの技術習得とトレーニングに関する私の考え方を進化させてくれた。時代を20年は先取りしていた彼は、運動における短期記憶と長期記憶を向上させるトレーニングをすでに実施するなど、選手の技術習得に関する事柄を完璧に理解していた。

フランス全土に目を向ければ、ジョルジュ・ブーローニュがいる。彼は監督たちのためにありとあらゆることを行った。監督養成所を設立し、教育指導者という地位を確立させ、クラブの会長らと掛け合って養成所の重要さを説いて回った。彼はまた、フランス代表の監督でもあったので、言わば監督という職業の専門家だった。監督がいかに孤独で割に合わない職業であるかということもよく理解していた。当時、監督はいきなり何の見返りもなしにクビにされることがあった。そんな彼の下で私はプロの監督となるためのライセンスを取得した。私たちは知り合って以来ずっと身近な存在で、私がタイトルを逃したり、試合に負けたりした後など、彼はよく「時には他の誰かに席を譲ることも必要だ」と言っていた。その通りである。それでも、自分自身はどうしてもそれを受け入れられなかったのも事実であった。

選手の座を他に明け渡すのはごく自然な成り行きだった。ストラスブールの会長がある日、私にこう言った。「君はもうプレーするには歳を取りすぎ始めているね」。腹が立ったので、チームメイトの動揺をよそに試合に出場しなかった。そして一観客として試合を見てみると、他の選手たちがもう自分を超えていることに驚かされた。そうして、自分はもう監督一本でやってゆかねばならない時に来ているのだとわかった。

何もかも、自然の流れに沿った当然の成り行きだった。私は本当に多くの人々と出会い、彼らは私に監督としてのステップを上る橋渡し役をしてくれた。そんなチャンスを逃すことなく、私は即決したのであった。

選手から監督へ

選手としての数年間には、クラブでの経験や、敬愛する監督たちとの出会い、素晴らしい思い出も恐ろしい思い出もある。

とりわけ、ストラスブールでの最初の試合は忘れられない。フランスリーグを制した１９７９年のことだ。一対一の場面で私が負けたあの場面。その時の対戦相手はランスで、サンタマリアという驚異的な選手が私の前に立ちはだかった。私のミスによって彼はボールを奪い、ゴールを決めたのである。あれは私の責任だ。自分が情けなくてたまらなかった。あの時いかに自分自身に対して怒り、自分の非を感じていたか、今でも思い出す。もちろん、自分が決めたゴールのことや白星を挙げた試合も記憶に残っているが、あのサンタマリアとの対決での失敗は今でも傷跡となって残っている。

自責の念、やりきれない思い、試合の荒々しさや覚えた怒り――選手たちが激しい罠《わな》を掛け合い、審判もそんな行為に目をつぶり、今のようにテレビ中継もなく、試合後すぐにスタジアムの照明は消されていた頃のことだ――そうしたものは貴重な原動力になった。

時にはそんな耐え難い気持ちを感じた一方で、知り合いになった選手や一緒にプレーした選手たちへの称賛の気持ちを抱いていたのも確かであった。当時のスター選手といえばディ・ステファノ、ペレ、ベッケンバウアー、そしてギュンター・ネッツァーがいた。ネッツァーは私と同じ中盤のポジションで、その強力なシュートやスイッチプレーは大いにインスピレーションを与えてくれた。ベッケンバウアーも、その類《たぐい》まれなる優雅さに感動させられた。まさに芸術家と呼べるだろう。選手として彼と対戦したことはもちろんないが、彼が数か月間マルセイユで監督を務めていた時、私はモナコの監督だったので、顔合わせをしたことは幾度かある。

ギィ・ルゥとも知り合いで、彼がオセールの監督を務めていた頃、私はムツィグでプレーしていた。彼の目の前で決勝ゴールを挙げたこともある。彼とは監督としてのメソッドも性格も正反対だが、欧州クラブカップでのオセールの活躍ぶりと彼の功績は称賛に値する。

養成機関にいた頃、私は監督たちに強いあこがれを抱いていた。選手たち、プレー、そしてプレーの美しさに対して尊敬の念を抱き、何よりもチームを信じてプレーさせ、対戦相手の弱い部分につけ込むことなどしなかった監督たち。マックス・ヒルド、ジルベール・グレス、そしてヨハン・クライフがその最たる例だろう。人に夢を見させたいという思いがなければサッカーを仕事にする資格はないと私は思っている。彼らがチームを指揮している姿を見て、そう強く感じた。

私も選手たちを心から尊敬してきた。プレーについての哲学を持っている選手、自分のスタイルを大いに活かす選手、恐怖に負けず、そこへ向かって突き進むことも、手痛い仕打ちを受けることも恐れない選手たち。

こうした尊敬できるポイントは、これまで私が指導したクラブのすべての選手たちから引き出し、彼らに求めてきたものだ。

選手を熱くさせる気持ちや彼らの覚える恐怖、怒りを理解すること、選手の技を称賛すること、常に監督を尊敬すること、話に耳を傾けること。こうしたすべてのことを学び、痛感した選手時代。アルザスからも、私の師たちからも、友人たちからも旅立つ時が来た。監督としてひとり立ちし、新たなチャレンジに向かう準備は整っていた。

PART 3

監督としての第一歩 カンヌとナンシー

ギユーと出会いカンヌへ

RCストラスブールは私の若い頃の情熱そのものだった。

養成所のコーチを務め、常に選手たちと共に過ごし、アルザス地方とドイツで行われた試合にはできる限り足を運ぶよう努め、監督術に関する本も手当たり次第に読み漁った。また、養成所内で5歳から7歳の少年たちのためのサッカー教室も開いた。私には自由が与えられ、それがクラブの在り方に影響を及ぼすこともあり、常に改革を行いながら思い通りの仕事ができた。

ストラスブールにはもっと長いこと残れたのかもしれない。クラブの役員らもそうアドバイスしてくれた。ここで一生懸命情熱を傾けて頑張れば、ステップアップしていずれは1軍の監督になれるだろう、と。しかし、私の中には安泰よりも波乱に満ちた冒険を模索している部分があった。新しいサッカー、新しい選手、もっと違う監督術を発見したい、そうして自分自身を高めていきたいという気持ちがあった。

その頃私が指導していたチームとミュールーズの控えチームとの間で行われた試合の際、私はジャン=マルク・ギユーと知り合った。マックス・ヒルド、ジョルジュ・ブーローニュとの出会いと同様に、私にとって非常に大切な出会いであった。

ギユーはアンジェとニースで大活躍した選手であり、フランス代表にも選ばれ、ワールドカップ・アルゼンチン大会にも出場した。彼の世代は素晴らしい選手を多く輩出したが、後の世代に押しやられる形でやや忘れ去られたところがある。一つのクラブに何年も残ることを余儀なくされ、頭角を現すためには長年にわたる忍耐と実力の証明が必要だった、そんな時代の犠牲を払ってきた世代である。

大げさではなく、選手の才能を発見するにはたった1試合だけ見ればよいという現在からしてみれば、そうした時代があったとは驚かされるばかりだ。選手生活を終えたギユーはミュールーズでコーチとなり、チームを2部リーグから1部リーグへと昇格させた。

この試合の後、ギユーはどうしても私に会いたいと言ってきた。そして、二人で何時間も話し込んだ。職業的、友情的な運命の出会いというところだろうか。その頃の、いや今でもギユーは竹を割ったような性格で、ゲームに関して非常に明確な考えを持っていて、私はその考えに惚れ込み、分かち合いたいと思った。彼が当時まだ2部リーグにいたASカンヌの監督になった時、彼は私に助監督としてサポートし、養成所のコーチになってくれないかと打診してきた。

私は誰にも相談せず、ストラスブールに残ればいいのにという周りの声を無視して、彼についていくことを決めた。カンヌに向かい、ギユーと再会し、リシャール・コンテ会長と顔を合わせた。それまでまったく面識のなかったコンテ会長だが、以後は友人としてのつき合いが生まれた。夜をあかして議論と交渉を重ね、結局お互いが合意に至ったのは明け方のことであった。

交渉した金額は今となっては笑ってしまうほどちっぽけなものだったけれど、お互いに譲らず、この出来事のおかげでお互いの距離はぐっと縮まった。いずれも食えない性格の3人の男が、負けまい、譲るまいと牙をむき合ったのだから当然だろう。こうして、私たちは最高のトリオとなった。言い争いをすることもなく、それぞれの役職を尊重し、同じ考えと変わらないクラブへの愛を抱え、前進していったのである。

議論に明け暮れたあの一夜は今でもとりわけ鮮明に覚えている。3人の間の友情はこうして深まり、今でも続いている。この出来事はまた、私にとっては故郷アルザスからの最初の旅立ちという意味で、また監督としての第一歩を踏み、初めて交渉に臨んだという意味で、大きな事件だった。自分だけを頼りに、決意を胸に、自分の勘に従い、他人だけでなく自分自身に対しても、自分にできることを証明したいという思いがあった一方で、不安もあったけれど、その不安に押しつぶされることなく、首尾よくこの場を乗り越えられた。

駐車場でのスカウト

カンヌ入りの際にはもう一つ、忘れられない思い出がある。私の精神状態と当時のサッカー界をよく表している出来事だ。ギユーがセンターフォワードの選手を探していることは知っていた。カンヌに向かう直前に、私は「フランス・フットボール」誌にて、オランジュに所属していた選手、ラミヌ・ンディアイに関する驚くべき統計結果を目にした。統計の数字を見ると彼なら得点王になれると直感した。そこで、カンヌに向かう前に私は彼に電話をかけたのだが、その時の会話も、私から提案した内容も、一字一句たりとも忘れない。

こうして私たちは翌日、彼とその友人たちも交えて高速道路のオランジュ出口付近にある駐車場で会うことになった。「スパイクを持って行くから、ちょっとプレーしてみよう」と言い伝えて。そして、彼は約束の場所に姿を現した。まずは4人対4人でゲームを行い、それから彼と一対一で手合わせをすると、彼がいかに素晴らしい選手であるか、そして彼の秘めている可能性がすぐにわかった。そこに居合わせていたギユーはその様子を観察し、私の熱意に賛同してくれた。翌日、私たちはンディアイをカンヌへ連れて行き、彼は自身最初のプロ契約を結んだのである。

彼は私がチームにスカウトした最初の選手であり、それからは親友としてのつき合いが続いている。1部リーグでカンヌ、それからミュールーズで長年にわたりプレーしたンディアイは引退後、カメルーンのクラブ、コトンスポール・ガルアとセネガル代表で監督を務め、その後コンゴのＴＰマゼンベなどで指揮していた。あの駐車場での最初の出会いは、二人にとって忘れられない思い出だと思う。

こんな形で選手を獲得できたことなど、今の時代に想像できるだろうか？

途上のクラブ、カンヌ

ASカンヌで助監督と養成所のコーチを務めたのはわずか1年だったが、それは私にとって後の運命を決定づけた1年であった。

何よりもそれは大きなチャレンジだった。ストラスブールからカンヌに移ったことは、正直なところ、車をロールスロイスからシトロエン2CVに乗り換えたような、あたかもレベルを落とすことを甘受したかのような印象が若干あった。しかし、何か新しいことを始めるスタート地点に立ち、ギユー、コンテとの団結が完璧だったので、それは非常にエキサイティングだった。

ASカンヌはまだ発展途上にあったクラブで、2部リーグにくすぶり、プロのクラブとしての組織が整っていなかった。だから私たち3人で一から作り上げる必要があった。そうして、養成所の創設、若い選手の獲得、チームの再編、トレーニング内容の見直しと、一日24時間働きどおしだった。大変な作業だったが、だからこそ私はそれを愛し、カンヌでのあの濃密な1年間が自分を大きく成長させてくれたと思っている。

家族や友人たちが身近にいたストラスブールと違い、ギユーとコンテしか知人のいなかったカンヌに来て最初の数週間は、一筋縄では行かなかった。アルザスを離れたことは身を引き裂かれるような思いであり、孤独を身にしみて実感した。カンヌでの自宅などはまるで禁欲主義を絵にかいたようなもので、ベッドとソファー、そして毎晩毎晩、録画した試合を繰り返し見るためのテレビがあるだけだった。しかし、こうしたまったくの孤立状態での生活は、見知らぬ土地のクラブにやってくる選手たちの心境を理解するのに役立った。その当時のことを思いながら、私は常に、他所《よそ》からやってきた選手には、そこで居場所を見つけ、まるで自分の家のようにリラックスでき、それがプレーに対する集中力につながるよう、少なくとも半年間は時間を与えてきた。

こうした孤独と周りに頼るものがない生活は、私にとって一つの啓示だった。サッカーへの情熱がある限り、私はどんな場所でも、何の交流がなくても、そして情愛のぬくもりがなくとも生きて行ける、そうわかったのである。不安が消え去らないのなら、それと共存して何とかやってゆくしかない。私はチームと共に時間を過ごすことを愛しながらも孤独であり、ゲームの楽しさや試合の熱気を分かち合うことに喜びを覚えつつも、一人で物事を決め、準備することが好きな人間なのだ。

最初の頃は、アルザス風のサッカーから離れ、テクニックも精神面もがらりと違うサッカーと向き合うことに戸惑いを覚えた。カンヌだけでなく、南フランスのサッカーは概して足技が重視され、アルザスはというと、より長いパスを使い、スペースをフルに活用するスタイルである。ともかく、カンヌでのプレーはパスがより短く、ボールさばきのテクニックが物を言う。

また、プレーがより激しいことも挙げられる。相手と対峙する時の激しさはもちろん、審判や相手チームへ圧力をかけるのがまるで当たり前のような感覚で、監督としては手の施しようがないという印象を受けることもある。そうした点にはすぐに慣れたものの、アルザスにいた頃はそこまでの激しさは経験したことがなかった。こうした発見もまた、私自身の成長にとって大事な出来事だった。若手の選手にはとにかくぶつかって行き、怖いものなどない、相手がぶつかってきても応じることができるんだという姿を見せることが必要だった。そんな血の気の多い部分、熱気、緊張感は素晴らしいと思った。

ハードワーク

養成所のコーチと1軍チームの助監督との掛け持ちはなかなかにハードなものだった。8時半から10時まで、そして午後2時から4時まではユースの選手たち、そして10時15分から正午までと午後4時から6時までを1軍チームといった具合に、一日に4セッションのトレーニングを指導することさえあった。移動の際はチームに同行し、日曜の朝に戻ってアクティブレストを行い、その後すぐに控えのチームとマルセイユへ向かって試合をこなすということもあった。

私は自分自身にも、他の人々にもそうした密なスケジュールを課し、それは私のキャリア全体を通じて変わることはなかった。私は周りから信頼を得て、ギユーとはお互いに信頼し合っていた。仕事の面で大いに自由にさせてもらっていたことから、クラブがあたかも自分のものであるかのように立ち回ることもあった。自分の契約に関することであれば何時間でも、夜通しでも、一歩も譲らず議論に応じた。しかし、いったん合意のサインをすれば、私は自分のすべてをかけて任務に臨む。そして何より、私は自分の得になるような契約の再交渉などは、一度たりともやったことがなかった。

自分の努力は必ず報われる、そして、トレーニングにクオリティーと熱気をもたらし、私がしっかりと目を光らせることで選手をクラブに呼び寄せることができる。そう確信していた。

当時、他のチームと一線を画すには、今のように資金力ではなく、何よりも練習にかけるパワーが物を言った。1部リーグへと昇格できるチーム作りと、質の高い養成所の創設、それが目標だった。会長、コーチ、そして選手が一丸となってこの目標へ向かい、一心不乱に汗を流しつつ、同時にまるで家族のような温かい雰囲気もチーム内には漂っていた。

そこには本当に素晴らしいチーム精神、共に戦う同士の連帯感、意欲に満ちて和気あいあいとした一体感があった。それは私が常に求めてきたものであり、後に指揮したクラブでも時折見受けられた。試合後は全員一緒に食事をとる。翌日の朝食も一緒にとり、何でも話し合った。

私たちが集め、指導を行った選手たちには熱意があり、皆経験豊富だった。若くはなかったけれど、絶対に成功してみせるぞという鉄のような強い意志があった。先に述べた中盤のラミヌ・ンディアイはもちろん、ジャン・フェルナンデス、ジル・ランピヨン、イヴ・ベルトルッチ。フォワードにはパトリック・レヴェリとベルトラン・カステラニ。そしてディフェンスにはジル・エイケム、バチスト・ジェンティリ、そしてベルナール・カゾニという顔ぶれがそろっていた。

私はカンヌに来て選手たちのことがよく理解できるようになり、ほとんど無の状態からでも、物質的に恵まれていなくても、あふれるほどの意欲があれば成長し、成功を収めることができるとよくわかった。かつてはオセール、今ではアミアンなど、小さなクラブの成功例は他にもある。

バランスについて学ぶ

そして最初の失敗を経験したのもまた、ここカンヌであった。

選手たちはいかにプレーすべきか、いかに現場を取り仕切るか、徐々に理解を深めていくものであるが、同じことが監督にも言える。

初めの頃はギユーも私もチームのことがよくわかっておらず、各選手のポジションについても正確に把握できていなかった。このチームは攻撃面では非常にダイナミックだったが、バランスが悪かった。また、失点も多すぎた。ギユーは非常に革新的な男で、リスクを負うことをまったく恐れなかった。サッカーにおいて、チームのバランスは核であり、最適なバランスを見出すには時間を要し、時にはそのバランスがたった一人の選手に左右されることもある。私は彼の下で多くのことを学んだ。サッカーではボールポゼッションと攻めのバランスが取れていなければならないと痛感した。また、攻撃の姿勢には何らかの支えが伴うべきで、リスクを見極め、最良の妥協策を見出す必要があること、そして、一部の選手たちがゲームの流れを作り、その流れをしっかりと受け継ぐ独創的な選手が欠かせないということに気がついた。そうして、自分もギユーやマックス・ヒルドのように、相手の弱みにつけ込んだりしない監督になりたいと心から思った。

カンヌに来る前、ストラスブールの養成所での私の関心事はもっぱら選手の将来性だった。だがカンヌでは目の前の課題をこなしていくことが一番の目標だった。早急に結果を出さなければならない。あらゆる決断が重要な意味を持ち、それがどんな結果を生むのかはすぐに明らかになった。何事も短いスパンでこなさなければならず、チームを構成した私たちは、団結とバランスをいち早く見出す必要に迫られていたのである。

ポジションの変更が選手を大きく飛躍させるのはよくあることで、それには監督の観察力が大きな役割を果たす。プレーはどんな心理テストよりも選手の人間性を如実に表す。それは社会的なしがらみがなくなり、ありのままの自分の姿になれる瞬間だからだ。

ハードすぎた練習

カンヌで私たちが犯した過ちにもう一つ、こんなことがあった。シーズン初頭、サン＝マルタン＝ヴェズユビーで3週間の合宿を行った時のことだ。私たちの用意したトレーニング内容があまりにもハードだったため、選手たちをすっかり「疲弊」させてしまったのである。一日にトレーニングを3セッション、朝は山で毎日ランニングを行うといった内容で、選手の中には夜の8時には床に就いていたが、なかなか眠れなかったという者もいた。翌日のトレーニングのことを考えるとどうしても落ち着かない、と冗談抜きに彼らは言っていた。もちろん、以後はこうした事態は避けるようにした。

選手たちは十分なエネルギーのたくわえがないままにトレーニングを始め、元の状態に戻るまでに時間を要していた。ハードな練習はその後も続いたが、ペースを落とし、選手たちの状態と実力により即したやり方へと変えていった。トレーニングの際に苦しみを乗り越えるまで頑張れば、試合中の苦しみにも耐えられると今でも思い続けているが、過度に負荷の大きい準備はシーズン初頭のチームにとって足かせとなる、そんな欠点もあるということがよくわかった。

カンヌにいた頃の私にとってのもう一つの大きな収穫は、プロの選手たちを最前線で指導できる機会が時々あったことだった。これはうれしかった。ギユーが数週間カンヌを留守にしたことがあった。後に私がASモナコで再会することになる、驚異的なパワーを持つ大型新人ユッスーフ・フォファナの獲得のためコートジボワールに向かったのだ。ギユーの不在により、私は監督という人間が抱える真の問題と直面することになった。一人でチームを構成し、移動の際には同行し、チームの出した結果を正面から受け入れた。そんな責任を感じることが心地よく、常にピンと張りつめた空気とそれが持つパワーに惹かれた。まさにカンヌでこれを経験した時、自分は監督になるべき人間であるとはっきりと感じ、私のその野望がくっきりと輪郭を帯びてきたのであった。

1部リーグ、ナンシー監督に

カンヌでのシーズンは、フランスカップの準々決勝でモナコに敗退して幕を閉じた。とはいえ、その前には大健闘していたバスチアを退《しりぞ》け、何よりもチーム全体が上向きで、次第に自信をつけ、パワーアップしているという実感があったし、クラブの将来は明るかった。カンヌは後に、アラン・モワザン、アルベール・エモン、ラクエスタ、ダニエル・サンチェスら、ベテラン選手たちの力により1部リーグに昇格し、フェルナンデスとリシャール・コンテが采配を振るった。また、私たちが創設した養成所では、ジダン、ヴィエラ、ヨアン・ミクーら素晴らしい選手たちを迎えることになる。

このシーズンの終盤、私はソショーとナンシーの二つのクラブからオファーを受けた。そのことをギユーに話すと、彼は私を後押しし、ナンシー行きを勧めてくれた。ナンシーがより熱心に働きかけてくれたこともあるが、そこにはスポーツディレクターとしてアルド・プラティニがおり、私たちは非常に仲が良かった。ナンシーの会長とも顔を合わせ、私はカンヌを離れてナンシーに移る決意を固めた。こうして、1部リーグのチームで監督としての初契約を結んだのである。

34歳でナンシーの1軍チームの監督となった私は、1部リーグで活躍するチームを指揮することで、また一つ段階を昇った。そこは、ジャケ、スュオドー、ウリエ、ダニエル・ジャンデュプー、ギィ・ルゥといった、後に輝かしいキャリアを築くことになる監督たちがしのぎを削る別世界。ここで私は自分の実力を証明しなければならなかった。ナンシーにはすでにベテランの域に達した選手が何人かおり、初めのうちは私への一種の不信感というか距離感が彼らにはあった。エリック・マルタン、ルーベン・ウンピエレス、ブリュノ・ジェルマン、ディディエ・カジニ、ディディエ・フィリップ、アルベール・カルティエといった選手たちだ。私はランスからジャン＝リュック・アリバールという素晴らしい選手を獲得した。

ナンシーというクラブ

ナンシーは非常に屈強で、経験も豊富なチームだったが、あまり資金がなかった。クラブにはかつて、クロード・キュニーという先見の明がある会長がいて、彼がナンシーのプロ化を可能にし、質の高い組織と養成所をクラブにもたらした。一方でチームは、ミシェル・プラティニという最高のキャプテンを抱え、１９７８年のフランスカップでニースを下して優勝を飾るなど、多くの快挙を成し遂げた。類まれな才能を持つプラティニは80年代には世界に名を馳せるスター選手となり、フランス代表をまとめ上げていった。フランスのサッカーに再び自信を与え、１９８４年には初の欧州チャンピオンのタイトルをもたらして、いわばフランス代表を「一人前にした」この世代の選手たちに大きな敬意を捧げたい。後にフランスが手にした数々の輝かしいタイトルは、この時に築かれた礎《いしずえ》があったからこそである。

とにかく、私のような新米の監督にとって、これは大きなチャレンジであり、文字通りの学校であった。つつましやかに、少ない予算をやりくりし、何とか自分たちの持てるものだけで、メッスやボルドーといった、町をあげてサッカーを盛り上げ予算もサポーターの数もはるかに多いクラブと対峙することを強いられたのである。

その先頭に立ったのは当然私であった。ナンシーでの3年間は、時に困難にぶつかったものの、非常に熱く、多くのことを学べた時間だった。この冒険の中で、ミシェル・プラティニの父で、スポーツディレクターのアルドに絶対的な信頼を寄せることができた。彼には観察力があり、選手の評価にも熱がこもっていて、二人でよく話し合った。そして、カンヌ時代や後に監督を務めることになる他のクラブの時と同様に、何でも私の好きなようにやらせてくれた。金銭面こそ心もとなかったが、私は自分のやり方で成長し、学び、自分のメソッドを実践し、新境地を開拓することができたのである。

選手の向上の道

私はまた、選手の実力向上のためになることならば、トレーニングに限らず、食事の管理、マッサージ、気持ちの準備や、睡眠に限らず、生活の質や環境の向上などあらゆる面に注目した。常に準備を怠《おこた》らず、選手の生活様式全般に目を光らせる。そうしたことはすでにアルザス時代から、ピエロ・ドゥミュと共に考えてきた。いくら練習を頑張っても、トレーニングで培《つちか》ったものをクラブの外の世界ですべて失ってしまう選手がいる。だからこそ、選手のいろんな局面に気を配り、コンディションを最良に整えることで素晴らしい成果を挙げることができるのだ。選手としての成長がそこにかかっている。

こうした目に見えない部分でのトレーニングは、選手の実力向上のための要素だ。そんな考えは、当時は革新的だった。選手がトレーニングに臨む態度、それがカギなのである。勝つためには一にも二にもトレーニングである。実力を上げようとがむしゃらになってトレーニングする選手と、自分のレベルに満足している選手との間には、５年間のキャリアで大きな溝が生まれる。

ナンシーは、最初の年はベテラン選手で構成され、２年目と３年目はアラン・ペランが指導していた養成所出身の若い選手たちを中心に構成された。ちなみに、ペランは後にチームの監督を務めることになる。そんなナンシーで、私はさらに選手たちをよく観察し、彼らのメカニズム、攻撃の姿勢、ディフェンスの姿勢、彼らの抱える恐怖といった大事なことを理解していった。

監督の中には選手経験のない人や、子供や若者が力をつける養成所での経験がない人もたくさんいる。私はストラスブールとカンヌで養成所を経験するというチャンスに恵まれた。監督になってからも、養成所そのものはもちろん、子供たちが成長してゆくステップに大いに興味があった。彼らはまずテクニックを身につけ（7歳から12歳）、身体能力を高め（12歳から16歳）、精神的な強さを備え（17歳から19歳）、そしてようやく、19歳から22歳の間に、家にたとえれば屋根とも言うべき、知性とモチベーションという選手として最も大事なものを得る。それがなければすべてが無駄になってしまう。ナンシーでの3年間、それからモナコとアーセナルではさらに強く、そのことを感じた。

選手を導く監督の役割

選手たちは成長し、それらのステップをすべて踏み、プレーにすべてをかけることになる。プレーこそが彼らの信じる唯一のものでなければならない。プレーのためなら身を粉にし、目の前に次々と立ちはだかるシチュエーションに対して最も効率の良い決断を下せるようになっていなければならない。

個人技への誘惑に逆らわねばならぬ時もある。だが、選手はすぐにはそれを理解できない。いかにうまくボールを受けるか、相手の選手とどうやり合うか、ボールを奪われるリスクをどう見極めるか、いかに自分自身で決断を下すか、そうしたことを理解するには時間が必要なのである。

監督の役割は、どうプレーするのが重要かと選手に理解させることだ。そのために監督は、それぞれの選手に対し、いまだに彼らが持っている子供のような部分、かつての少年の部分、または大人になった現在の部分と、様々な部分に訴えかけなければならない。

多くの場合、監督はとかく成果、勝利、反省ばかりを選手に求める。つまり、彼らの大人の部分にのみ訴えかけ、一瞬一瞬を思い切り楽しんでプレーしたいという選手の子供の部分をないがしろにする傾向にある。

私は選手たちを抑圧する環境をできる限りなくし、彼らが周りの批判など気にせず、先を恐れず、その時々のプレーに全力をかけられるよう努めたつもりである。


若手の監督からよくアドバイスを求められることがある。そんな時私は、自分の持つプレーのビジョンをしっかりと頭に焼きつけるように伝える。そして、選手のプレーそのものに教わるものが多く、観察することは言葉と同じくらい効果があることを忘れないでほしいと伝えている。

サッカーでは試合中、コンビネーションの可能性は星の数ほどあり、それがこの競技を素晴らしく豊かで、熱狂的にさせる。選手は常に、状況に応じてそのテクニックを使い分ける。それはオートマティズムによるものではない。選手は常にあらゆる状況のために備え、悪い点を直し、自分の居場所を見出し、決断を下す。そうしたことは経験によって、そして鍛錬を重ねて身につき、豊かになる。

だが、選手は絶えず新しい道を切り開きながら判断を下さなければならない。なぜなら、一瞬前であろうと前回の試合であろうと、まったく同じ状況は二度とないのだから。サッカーというスポーツの核となる三要素は、ボールさばき、判断力、そしてそれを首尾よく実行に移す力である。

監督はまた、プレーに対する敬意、チームワークの大切さを選手たちに教え込むことも必要だ。

私が監督を務めたチームではどこも、この点に関する選手たちの考えはやや甘かった。個人個人がチームのために尽くせば、チーム全体がそのお返しを必ずしてくれる、そう選手たちに説得するのはまさに監督の役割である。ただ、レベルが高くなり、競争も激しさを増すにつれ、一部の選手がチームの足並みを乱すことがある。ナンシーからアーセナルに至るまで、周囲の人間に対して誠実な選手を私は常に求めてきた。

そうした選手を求めるようになったのはまさにナンシーでの経験による部分が多い。私の人生はアーセナルとのつながりがあまりにも強かったせいか、監督を始めた頃のチームについては少し忘れられているようなところもある。しかし、その頃のチームから得たもの、そこで学んだことは大きい。

ボール購入の交渉も

ナンシーでは丸3年間、クラブのために全力を傾けた。そうした私の熱意、要求、そして時には厳格さにより、周囲を納得させることができた。頑固な選手たちとは少し衝突もしたが、全員に自分と同じくらいクラブのため、プレーのために尽くしてほしいと願っていた。私にとってそれは極めて重要なことだった。ここで自分の監督としてのキャリアが決まる、すべてはこれからだと感じていた。そうして、私はあらゆるところに目を光らせるようになり、文字通りに管理者となり、できる限り多くの決断を下した。

自分たちは、他の1部リーグのクラブのように資金が豊富ではないことはよくわかっていた。彼らは自治体から資金の援助をより多く受けていたし、サポーターの数も多く、欧州クラブカップによる収入源も期待できた。私は会長さながらに予算のやりくりを行った。

ある時など、ISPO（訳注：国際スポーツ産業見本市）の開かれているミュンヘンに自ら赴き、一人でいくつものブースを次から次へと訪れ、クラブで使うボールを購入するための交渉を行った。その甲斐あって、ダービー社との間で1シーズンにつき100個のボールを手頃な価格で手に入れられるよう合意に達した。ナンシーに戻り、自分のそうした営業能力を誇りに思いつつ、クラブのためになることができたという思いでうれしかった。

そんなボール購入のエピソードも含め、クラブにとって最良のコンディションを求めるならば何事もおろそかにしてはいけないと次第にわかり始めた。だから、芝生の状態を向上させるために芝生の管理者たちと毎朝話し合い、時には彼らに難題を押しつけた。また、チームのスター選手たちがクラブを去り始めると、可能性が未知数の若い選手たちにも積極的に活躍のチャンスを与え、起用していった。

サッカーの苦痛

そんな具合に私は全力を注ぎ、戦線の先頭に立つのは初めてだったこともあり、良い試合ができた時や白星を挙げた時の喜びは、とりわけ最初のシーズンではひとしおだった。と同時に、サッカーがもたらす真の苦痛というものも、この時初めて身をもって感じた。私は常にチームと一緒で、自分の決めたことに責任を持ち、試合に出場させてもらえないとわかった選手たちの失望、そして彼らから恨みを買うリスクと直面した。そんな時、私は彼らが月曜日から再び自信とモチベーションを取り戻すように仕向けねばならず、そして何よりも、試合に負けたらその全責任は自分一人で負う義務があった。敗北が自分にとっていかに精神的にも肉体的にも耐え難いものか、身にしみてわかった。ナンシーでの2年目と3年目は、チームのレベルが低下してしまい、あらゆる点でより困難な状況に陥り、黒星もより多くなった。こうして私は敗北の苦痛と共に生きる術を学び、私にとってサッカーは生死にかかわる問題だということに気づかされた。

一度こんなことがあった。クリスマスのシーズンオフ期間に入る前の最後の試合で、私たちは黒星を喫した。それから数日間というもの私は一歩も外に出ず、クリスマスイブの日になって両親に会いに行くためようやく重い腰を上げたものの、みじめでゾンビのような暗鬱《あんうつ》とした姿をさらしたのだった。今になってみると、ひたむきすぎる自分のこうした性格は少し恥ずかしいのだが、黒星がなぜここまで私を苦しめていたのか、いまだにわからない。

それでも、そんな苦痛、自分が抱えるそうした暗い部分と向き合うことで、忍耐、我慢、厳格さを身につけることができた。つまり、どんなに気落ちしていようと、自分の感情を表に出さず、周囲の人間のモチベーションを高めさせるためのパワーを毎回取り戻さなければならなかったのである。

そのクリスマスのシーズンオフ中、私はずっと自宅にこもっていた。私がそんな状態でいることなど誰も知る由がないのだし、好きなようにさせてもらおう、選手たちは休暇を楽しんでいるのだし、この暗い時期が終わったら、また溌剌《はつらつ》とした自分に戻れる、そう思っていた。私は一人きりでこの苦痛と共に生き、3週間ずっと反省に反省を重ねた。今思えば、この経験は後に起こるあらゆる苦難へのワクチンのようなものだった。

苦痛を経て道はひらかれる

どんなに苦しくても、それによって後々の私の自信を低下させられたことはない。敗北の後には必ず勝利が待っているという確信が打ち砕かれたこともない。私のこういった、苦痛と共に生きる能力を説明するのに適した一つのエピソードがある。

私が14歳の時、原因不明の高熱にうなされて数日間生死の境をさまよった。私はその時の苦痛を、頭の中だけでなく体でもよく覚えている。やがて熱は下がり、私は生き延びることができた。当時の私は身長が1メートル40センチしかなかったのだが、この高熱の後、不思議なことに身長がぐんぐんと伸び始め、17歳になる頃には1メートル80センチを超えていた。希望を失うな、負けたと思っては絶対にいけない、そんなことをこの時に教えられたような気がする。

それから、私はどんなことがあっても生き延びることができるという確信を得たのである。

ナンシーに来て、これからの数年間は困難が待ち構えている、早々にそう感じた。最初のシーズン、第4節でボルドーと対戦した時のことだ。ナンシーは健闘したものの、ジレスにゴールを奪われて負けてしまった。この黒星は私に大きなショックを与え、自分にとってターニングポイントになったと言うべき事件であった。どんなに立ち上がりが良くても、ボルドーや他のチームは我々よりも上手であり、だからこそ必死に戦わなければならない。

2年目は何とか1部リーグに残留でき、3年目は最後の試合まで残留をかけて戦った。そして降格が決まってもクラブは私に新たに5年間の契約をオファーしてくれた。そんな私を心から信頼してくれる人々に囲まれていた自分は本当に恵まれていたと思う。熟慮を重ねた末、私はクラブに残る決意をほぼ固め、チームを再び1部リーグへと返り咲きさせたいと考えていた。

だがそんな中、PSGのボレリ会長とモナコのカンポラ会長からオファーの話が舞い込んできた。様々な関係者と会い、ASカンヌのリシャール・コンテ会長から説得され、私はモナコ行きを選んだのである。

PART

4

モナコ

モナコの日々の始まり

ジャン＝マルク・ギユーとリシャール・コンテ会長と共に過ごしたASカンヌ時代から私は、モナコというクラブの持つオーラというか、魅力を体感していた。このクラブはモナコという国を代表してフランスの1部リーグで活躍し、今は亡きレーニエ大公も運営を間近で見守っていた。大公家は当時から現在に至るまで、スポーツに対して非常に熱心であり、アルベール二世大公自身も大のスポーツ愛好家である。私がモナコに来る前に何度も顔を合わせたジャン＝ルイ・カンポラ会長は、1975年からクラブの取締役を務めていた。

当時の私はまだ37歳で、これほど規模の大きいクラブの監督としてはまだ若かったが、野心は満々で、自分のやりたいことについては明確な考えがあった。モナコは私と選手たちに、生活面とトレーニング面で最良の環境を提供してくれた。これこそが、ナンシーに残らず、PSGにも行かず、モナコを選んだ最大のポイントだった。

カンポラ会長は他の監督候補者たちよりも私を見込んでくれたのだが、こちらも彼の期待にこたえ、彼の選択が正しかったことを証明しなければならなかった。屈強で経験豊富なチームの選手たちにしてみれば、2部に降格したばかりのチームから移ってきて、年齢も自分たちより少しばかり上の、何となく厳格で冷たそうな感じのする、この見ず知らずのアルザス人はいったい何者だろうと感じたはずだ。彼らに対してもまた、自分がクラブに相応しい監督であると示してみせる必要があった。

もっとも、カンポラ会長は前の監督だったシュテファン・コヴァチを彼個人のアドバイザーとしてクラブに残らせていた。それはいざという時、つまり私が求めるレベルに達しなかった場合にはいつでもコヴァチに助けを求められるようにしておくためだったのだと思う。

とにかく、最初のうちはしっかりと監視された。新しいクラブにやってきた選手がピッチの上でも控室でも自分の居場所を開拓するように、私も自分自身の価値観、プレー哲学、そして私の強い願いを押し通す必要があった。そのために私はまず、自由に動き回れるようにコヴァチとは一定の距離を保ち、私のサポート役であったジャノ・プティと共に作業に取りかかった。

プティは私が来る前からモナコにいて、クラブのことはもちろん、ハイレベルなサッカーの世界についても知識があった。クラブの性質を熟知しているアシスタントは監督にとって非常に重要だ。プティはまた、モナコで選手としても活躍していた。スポーツディレクターのアンリ・ビアンケリもモナコのOB選手であり、私たち3人は非常に息が合った。こうして共に作業を進めていくうちに、チームがシーズン序盤から快調な滑り出しを見せたおかげもあり、不安や悩みは吹き飛んでしまった。

グレン・ホドル

何度も黒星を喫し、資金不足にあえぎ、スランプに陥り、設備も不十分なクラブを渡り歩いた経験が、私にかけがえのない謙虚さをもたらしてくれた。その謙虚さがあったからこそ、最初の年から快進撃を続けても浮足立たず、タフな戦いを強いられた時やチームに不穏な空気が漂っていた時も、決して悲観的にならなかったのである。

野心と謙虚さが同居し、バランスを保っている。モナコの監督就任当時の私の状態はまさしくそれであった。

シーズンが始まる前、クラブは新たに背番号10をつける選手を探していて、会長は私にグレン・ホドルかマルコ・ムリナリッチという二つの選択肢を与えた。ホドルは当時イングランド代表の司令塔で、トッテナムとの契約が切れ、ＰＳＧからもラブコールを送られていた。ムリナリッチはウインガーとしてプレーしていた選手で、ディナモ・ザグレブで活躍し、こちらもまた非常に有能な選手であった。カンポラ会長は私にザグレブへと飛び、彼のプレーを見てから決めてほしいと依頼してきた。その視察を終え、ザグレブからニースの空港に到着した私を真夜中にもかかわらず迎えに来てくれたのは会長の娘さんで、彼女から明日の朝6時までに決断を下してほしいと告げられた。自宅に戻ると、たくさんの疑問を自分にぶつけながら一晩中試合のビデオを見て過ごし、二人のうち一方がチームにとってカギを握る選手になると確信した。

朝5時半、私はホドルの代理人に電話をかけた。その時、ホドルと代理人はすでに空港におり、PSGとの契約のためパリへ向かうところだった。私は二人に、飛行機に乗るのは大いに結構、だが行き先はモナコにするべきだ、と伝えた。私たちには強力なゲームメーカーが必要であり、私が見た試合でのホドルのボール扱いは見事だった。また、その数週間前にモナコはイングランドからマーク・ヘイトリーを迎えていて、二人は意気投合するに違いないと思っていた。ホドルはやがてモナコの伝説となった。他の選手たちは彼に敬意を払い、サポーターたちは今でも彼のことを20世紀最高のプレーヤーだとみなしている。

サッカー漬けの夢の1年

モナコでの最初の年、1988年はまるでサッカーに捧げた夢をずっと見ていたような1年だった。自宅マンションのあったヴィルフランシュの同じ建物にはASカンヌのコンテ会長も住んでいた。私は毎日クラブに行き、ラ・チュルビーにある練習場で選手たちと顔を合わせ、彼らと共に次の試合のことだけに集中した。ここではまた、仕事が終わってから時々会ったりする友人たちもでき、彼らとはもちろんサッカー談義に花を咲かせ、一緒に試合を観戦することもあった。旧知のコンテとギユーはもちろん、カンヌ出身の画家ペリツァや、かつてカンヌでプレーし、私も高く買っていたボロ・プリモラツ、それにベルナール・マッシニ、ロラン・シュベルなどなど、皆私がサッカー狂いなのを知っていた。そんな私に理解を示し、支えてくれた友人の輪がこうして広がっていったのである。

モナコではクラブ、選手、そして私自身、全員一丸となって大きなチャレンジを掲げていた。モナコは欧州クラブカップで決勝トーナメントに進出したことがなく、フランスリーグ制覇も長い間ご無沙汰だった。クラブを最も高いレベルにまで引き上げるのが皆の願いだった。

その実現に向けて作業を進めていく際に、カンポラ会長には絶大な信頼を寄せることができた。彼はサッカーの世界を熟知し、フランスプロサッカー協会のジャン・サドゥル会長とも非常に懇意《こんい》だった。そして、とにかく勝つことにこだわり、負けた時には私と同じくらいに往生際《おうじょうぎわ》が悪かった。

カンポラ会長は立派な養成所も作り上げた。そして私は養成所のコーチであったピエール・トゥルニエ、そしてジュニアの選手たちを指導していたポール・ピエトリと非常に良好な関係を築いていくことができた。

恵まれた環境

素晴らしい選手に恵まれた夢のようなチームに対する期待もあった。1979年から83年にかけてジェラール・バニド監督の下で成長した生え抜きの選手たちはたくましく、すっかりチームの顔と言える存在だった。

世界最高のサイドバック、マニュエル・アモロス、クロード・ピュエル、チームの守護神ジャン＝リュック・エットーリ、チームに多大な影響力を持つドミニク・ビジョタ、ブリュノ・ベロヌ、リュック・ソノールといった選手たちだ。彼らは自分が何を必要としているのかをよく把握し、易々と相手の罠に引っかかることがなく、ピッチの上で非常に大きな安定感を醸し出していた。

それは最初のトレーニング、最初の試合の時から一目瞭然だった。その豊富な知識と経験は、彼らに一種のカリスマ性を帯びさせた。困難な状況に陥った時でも冷静さを失わなかった。そんな徹底したプロの選手でありながらも、遊ぶ時は遊び、人生を謳歌していた。こうした精神は彼らの世代以降すっかり失われてしまった。彼らは、サッカー選手がより高収入を得られるようになった最初の世代だが、厳しい訓練を積んできたことを忘れてしまうようなことはなかった。

どんなことでも話し合い、監督の意見は尊重するが、自分も言いたいことがあればはっきり意見を言う。何でも話し合うことのできる同士だった。当時はまだ弁護士や代理人、実際にはただ彼らと家族関係にあるアドバイザーといった人々も存在しなかった。そうした仲介人たちはやがて、選手とコーチの間にじわじわと割り込んでくるようになるのである。

選手たちは皆、自分はモナコ人という意識があり、この街のため、クラブのために戦うという意気込みがあった。誇りと野心が融合されたモナコの精神、常に最高のものを求め、凡庸《ぼんよう》さは拒絶する姿勢を完璧に体現していた。モナコという国のために働いていると、そうしたことすべてをひしひしと感じる。この国の素晴らしさを世に示し、それにふさわしい人間となり、伝統を守る。そんな精神を私は素晴らしいと思ったし、それがピッチの上での選手たちのプレーや態度に影響を与えていたという点もまた見事だった。

モナコでの生活と、自分の生まれた村での生活の違いを比べると、めまいを起こしそうになる。

マルセイユと初戦

初戦というものはとかく重要であり、まさしくテストと言える。この時の相手はマルセイユで、彼らはその後、ボルドーに続いてモナコの最大のライバルとなってゆく。マルセイユにはパパンといったスター選手もいた。なので、我々が不安を感じたのももっともなことだった。

チーム自体は素晴らしかったが、リーグ上位の常連チームを相手に太刀打ちできるのか？　自分たちのリーグでの位置づけはいったいどこなのだろうか？　上位かそれとも中程か？　そんな疑問が頭をよぎっていた。

試合は後半にモナコがリードを奪って快勝した。チーム全体に希望を与え、選手たちが私に希望を抱いてくれるようになったという点で、この勝利は大きかった。私たちのその後の運命を決定づけたとも言える。次の試合ではモンペリエと対戦し、またしても白星を挙げて人々を驚かせた。

ホームにニオールを迎えての３試合目はより苦戦を強いられ、我々は黒星を喫したが、この時のカンポラ会長の励ましは何よりも貴重だった。彼は選手たちに声をかけることなどめったにないが、私がまだチームを完全にコントロールできず、言わばテスト期間中で心が折れそうになったタイミングで大きな支えとなってくれたのだ。会長は選手たちに向かって穏やかな口調でスピーチを行い、そのおかげで選手たちは自信を失わずに済んだのである。そして、私への信頼も失うことはなかった。

この年のモナコの活躍ぶり、そして手にしたフランスリーグチャンピオンの栄冠は、この時の会長のスピーチに負うところが大きいと私は確信している。

若く熱血漢な私

こうして次第に、私は自分の価値観や信念を明確に打ち出し、それをアシスタントやチーム全体と共有できるようになっていった。トレーニングでは厳しい要求を突きつけた。

私はとにかく叫ぶ。私の叫び声や怒鳴り声を覚えている人も多いのではないだろうか。出来の悪いパスや士気の低さは許せなかった。時には不当に叫ぶこともあったが、気が強くて口答えをする者たちを相手にしていたので、私の怒りは活気を生んでいたとも思う。私がもっと寛容な人間になるのはまだ先のことだった。

私は身体面でもエネルギッシュだった。懸命に仕事に取り組み、じっとしていることがなく、そんな姿に選手たちも驚いたようだった。10日間の合宿では、毎日3セッションのトレーニングをこなした。また、試合前には非常に細かく決められた食事制限を課した。試合を最良のコンディションで進めるには、いろんなものの作用と協力が必要だった。選手たちには最も腕の良い運動療法士と整体師を提供したいと思った。

どんなことでも大事であったが、中でもピッチの芝の状態はその最たるものだった！　モナコのスタジアムの芝管理スタッフは、私がクラブを去った時にはきっとシャンパンを空けて祝ったことだろう。モナコのスタジアムはかつて駐車場のあった場所に建設され、コンクリートの上に厚さ約40センチの土がのせられた。しかし、暑さや海から来る塩分や空気は芝にとって大敵であり、芝の状態がプレーに影響を及ぼすという点で私たちにとっても大敵だった。そのため、日中は日光を遮るためにネットを張り、夜になるとそれを外した。そのネットがきちんと、あるいはまったく張り巡らされていない時には、私は管理スタッフにカミナリを落としたものである。

ストラスブール時代、目に見えない部分でのトレーニングや食事管理の大切さをピエロ・ドゥミュと大いに語り合ったことがあった。私は選手たちがそういったすべてのことを糧にして、全力を出せるようにしたいと願っていた。そして当然、私自身がその手本となるよう心掛けた。トレーニングでも、練習試合でも、昼食時、移動の際、どんな時もそれを忘れたことはなかった。

ただ、タバコだけは別だった。タバコはカンヌで助監督だった頃、夜に試合のビデオを観戦しながら吸い始めたのが最初で、モナコでも喫煙は続けていた。当時、タバコをくわえた私がベンチにいる姿を捉えた写真がいくつか残っている。とはいえ、アーセナルの監督になれたのはタバコのお

試合の前日

通常とおおむね変わらないが、肉の代わりに仔牛のレバーを摂取するのが望ましい。また、炭水化物及びアルコールは避けること

試合終了後

塩1グラムを入れたエビアン水300g
アルコールや炭酸の多く含まれている飲み物は避けること
夕食の30分前にエビアン水半リットル

夕食のメニュー
- 野菜のブイヨン
- パスタ、コメ、ジャガイモのいずれかにバター15g加えたもの
- 油またはレモン汁のドレッシングをかけたグリーンサラダとゆで卵1個
- パン1切れか2切れ、またはトースト
- 熟れた果物1つないし2つ
- ボルドーワイングラス1杯

試合翌日

朝食（10時）
- 砂糖入り薄めのコーヒーまたは紅茶を大きめのカップ1杯、トースト
- フレッシュフルーツジュース4分の1リットル

昼食
- 生野菜、パスタあるいは米にバターかおろしたチーズをかけたもの
- 油またはレモン汁のドレッシングをかけたサラダ
- 熟れた果物またはドライフルーツ
- ワイングラス1杯

間食（16時）
- フルーツジュース4分の1リットル

夕食
- 通常時と同じ。メインは肉か魚

試合から2日後

4度の食事はたっぷりととること。朝食は通常のメニューにハム1枚追加。昼食では通常のメニューのほかに米あるいはセモリナ粉をベースにしたケーキあり。夕食にはチーズを追加

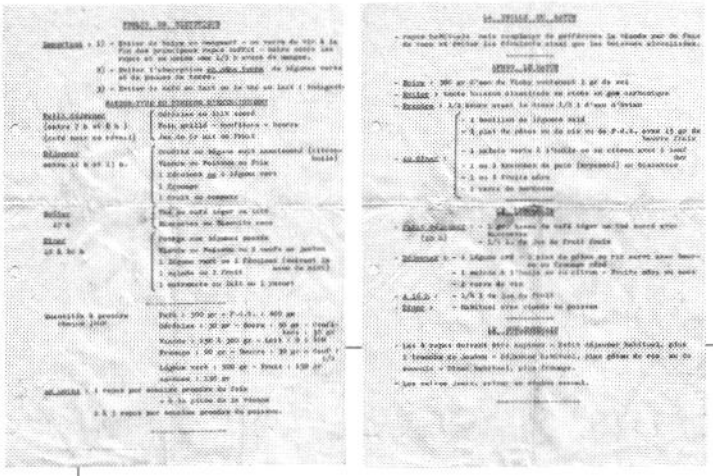

かつて作成した
「食事の際の注意」

食事の際の注意

重要

1）食べながらの飲酒は避けること
食事の終わりにワインをグラス1杯で十分

2）緑黄色野菜とジャガイモを同時に摂取するのは避けること

3）カフェオレ、ミルクティーは消化に悪いので避けること

通常時のメニュー例

朝食
（7時から8時の間。起きてすぐにブラックコーヒー）

- 砂糖入り牛乳をかけたシリアル
- トースト、ジャム、バター
- フルーツジュースあるいは果物

昼食
（12時から13時の間）

- 生野菜サラダ、あるいは温野菜
- 味付けは油とレモン
- 肉、魚、レバーのいずれか
- 炭水化物あるいは緑黄色野菜、チーズ
- 果物あるいはコンポート

間食
（17時）

- 薄めのコーヒーか紅茶。あるいは牛乳
- トーストまたはビスケット

夕食
（19時から20時の間）

- 野菜のポタージュ
- 肉か魚、あるいはハムと卵2個分の料理
- 緑黄色野菜あるいは炭水化物
（昼食のメニューにより異なる）
- サラダまたは果物
- 牛乳がベースのデザート、あるいはヨーグルト

1日に摂取できる量　パン：300g　ジャガイモ：400g
シリアル：30g　砂糖：50g　ジャム：50g
肉：250から300g　チーズ：60g　バター：30g
卵：1つか2つ　緑黄色野菜：500g
果物（柑橘系以外）：150g　果物（柑橘系）：150g

週に1度は肉の代わりにレバーを食べる
魚は週に少なくとも2、3度食べる

かげという部分も少なからずあったのだ。ともかく、リーダーは何よりもその価値観を自ら体現しなければならないという主義は通そうと努力してきたつもりである。

選手を見極めたトレーニング

監督を務めたチームではどこでも同じように、私はそれぞれの選手に理想的な居場所を見出し、彼らがその力を十分に発揮し、攻撃的になり、素晴らしいプレーができるよう努めてきた。チームと私の橋渡し役とも言うべき心強い存在もあった。アモロス、エットーリ、バチストン、ソノールといった選手たちだ。彼らの経験は大いに頼りになった。

監督が選手たちと良好な関係を築けば、それは監督をさらに強くさせてくれる。これはモナコで学んだことである。さもなければ監督はひとり相撲を取ってしまう。選手たちと彼らの意気込みのおかげでチーム全体がそうした価値観に準じ、さらにはそれを自分のものとし、共に前進していけるのである。

ホドルの存在も心強かった。彼はモナコでは新顔だったが、彼の挙げてきた成果には誰もが尊敬のまなざしを向けていた。彼は私がこれまで見てきた選手の中でも非常に珍しい、信仰心の篤《あつ》い選手だった。移動の際は聖書を読んでいたくらいである。そしていったんピッチに立つと、彼は魔術師になった。

クロード・ピュエルのエネルギッシュなところも私は気に入っていた。スタメンから外した時もあったが、それは彼に、自分がもともとどんなプレーヤーだったのか考えてほしいと思ったからだった。こういった措置にも彼はよく理解を示してくれ、無駄に終わることはなかった。彼は自分が持っている力を信じ、熱意にあふれた驚くべき戦士だった。トレーニングでの練習試合の際にも彼は常に勝つことを考え、相手に食いついて離れなかった。

ソノールはスピード感とドリブルのセンスの良さが光っていた。私は彼をサイドでプレーさせることに決め、彼だけに特別のメニューを用意した。それは、試合をいくつか観戦させたり、トレーニングでもセンタリングだけを何度もさせるといったプランだった。こうした個別のトレーニングは、彼だけでなく他の選手にも行った。それぞれの選手が、そのポジションで必要とされるクオリティーを高めるための練習が必要だったのである。

私たちはまた、個人プレーでゴールを決めるのが主流だった当時から、ゾーンディフェンス戦略を採用した。モナコでもすでにバチストンとフォーゲルがそうしたプレーを行っていたが、ロジェ・メンディの加入と共にそのスタイルはすっかり定着した。

加えて、トレーニングではテクニックの質に何よりも重点を置いた。パスを送ることは、相手とのコミュニケーションを取ることであり、相手のために行われる必要がある。このことの理解は非常に重要だ。パスを送る選手が受ける選手の身になって考えなければパスはうまく渡らない。パスは知性と思いやりにあふれた行為なのだ。私はそれをテクニック面での共感（エンパシー）と呼んでいる。

コミュニケーションの法則

こうしたトレーニングにより、私は選手個人と集団でのプレースタイルを共に発展させることができた。最も高いレベルに達するためにそれぞれが苦悩を抱え、格闘していることはよくわかっていたが、それでも私は選手たちに対して非常に厳しい要求を突きつけた。

監督というものは、温かく包み込むと同時に、判断を下す際には冷徹でなければならない。信用されるにはまず、出場選手の選択を完全に自分の考えのみで行うべきである。監督の判断が助監督や会長に影響されていると選手が思うようになると、監督はすっかり信用されなくなる。

監督は常に相互のコミュニケーションを維持していなければならない。監督の中にはそうしたコミュニケーションを過大評価する者もいる。そこで、次のような法則を頭に入れておかねばならない。

◎自らの長所がしっかりと評価されれば、平均して選手たちのおよそ3分の2はより懸命にプレーしようとする。

◎監督への信用や敬意に欠けていると、監督のアドバイスが聞き入れられる割合は3割にも満たない。アドバイスに明確さや実用性が欠けている場合も同様である。選手の自信と実力をアップさせるためには、監督は明確なアドバイスを与える必要がある。

◎選手に対して、あるいはもっと成長を遂げなければならない人間に対して、ネガティブな点を1か所指摘する際には、まず長所を3か所挙げなければならない。

◎目標を数多く掲げる必要はない。一つや二つで十分である。
◎場所とタイミングが非常に重要であることを忘れてはならない。

プレースタイルを作る

プロのサッカー選手になるという野望は達成するのが非常に難しい。しかし、安泰の中に滑り込んでしまうというリスクもまた存在する。なぜなら、サッカーは集団で行うスポーツであり、選手はその集団の中の一人となって人目につかなくなることがある。

また、収入があまりに多いので、これ以上実力を伸ばすよう駆り立てるものがなくなったり、あるいは、周囲にそのプレーをまっとうな厳しい目で評価できる者がおらず、逆に誰からもちやほや褒めそやされることもある。

こうして、実力がありながらくすぶり続ける選手の何と多いことか。私にとってトレーニングが持つ最も重要な意味は、テクニックと精神の両面でより高いレベルに達するということである。長い間きちんと考慮されていないが、この両面での高いレベルこそが、選手たちの実力を真に向上させるのだから。

監督はまた、チームのプレースタイルを大事にし、リスクを恐れない姿勢や、それを後押しするような環境を作り上げなければならない。試合に負けても気落ちせず、頭を上げ、信念を貫き通す。

そのためには選手を非難してはならない。選手たちが恐怖心を抱かないようにするのだ。試合の準備段階で監督が抱える課題は、自分たちのプレースタイルを崩さずに対戦相手の長所をいかに打ち砕くか、ということである。もし相手の長所を必要以上に強調すれば、選手たちの恐怖心と、彼らが内に抱える不安定な部分を増長させてしまう。モナコでは、チームの威力は選手たちの性格による部分も大いにあった。彼らは自分のすべてをさらけ出し、何物も恐れなかった。

モナコでひしひしと感じたのは、監督が一つのプレースタイルを作り上げ、チームに伝えていくと、それが選手たちの態度に現れたり、彼らに大きな意味を持たせたりするということである。モナコのスタイルは、常に前向きでポジティブなプレーと、チーム全体のクオリティーにより成り立っていた。監督が目指すのは、試合に勝ち、プレースタイルを確立させることである。そのチームらしいプレーを繰り広げ、作り上げ、リスクを負いながら、チームプレーを尊重する、そうしたスタイルである。かつてモナコで活躍した選手たちが監督になり、こうしたビジョンを受け継いでいるのを見ると、私は満足感を覚える。

リーグ優勝

この最初の年、モナコはフランスリーグ王者のタイトルを手にした。私はとかく、勝利よりも黒星に終わった試合の方をよく覚えているのだが、監督というものはやはり最初にタイトルを獲得した時のことは忘れられないものだ。チームに勝利をもたらすという自信は毎試合ごとにあったのだが、タイトルとなると話は別である。シーズンを通じて勝ち続け、リーグの首位を走らねばならないのだから。このタイトルは私に大いに自信を与えたが、それでも自分がここまでたどり着いた道のりを忘れさせはしなかった。

タイトル獲得はまた、チームとの作業に集中しつつ、養成所でより多くの時間を費やし、そこのコーチであったピエール・トゥルニエとの交流を深め、たくさんの試合を観戦し、養成所内だけでなくほかの場所でも若い才能の発掘に努めることを可能にさせた。モナコではクラブの役員とコーチ陣が文字通り一体となって、選手の獲得交渉に至るまでしっかりと連携していたのである。

ジョージ・ウェア

そうして私はある選手に目を留めた。後に比類なき選手に成長することになる、ジョージ・ウェアである。

当時カメルーン代表の監督を務めていたクロード・ルロワがある日、私に会いにモナコへとやってきた。彼と昼食をとっている時、私は彼にある不安を告白した。それは、マーク・ヘイトリーがたびたび負傷に悩まされていたことである。私は彼の代わりになるようなフォワードを探していたところだった。それを聞いたルロワはすぐ、ヤウンデのクラブ、トネールに所属するある選手のことを話してくれた。彼がカメルーンに帰ってから、私は数週間、毎週月曜日に彼の所へ電話をかけ、その見込みある選手のニュースを仕入れた。

私はアンリ・ビアンケリをカメルーンに送り、彼のプレーを視察させた。ビアンケリは試合を観戦した後、電話でこう伝えた。ウェアは腕を骨折していたが、ギブスをはめて試合に出場していた。大した活躍ぶりは見られなかったが、彼の所へボールが渡ると観客は途端に沸き返ったので、見込みがあるのではないか。そうして私は彼をモナコへと呼び寄せた。

ウェアは最初のトレーニングの時、惨憺《さんたん》たる印象を周りに残した。フィジカル面での準備がまったくできていなかったのだ。誰もが彼のことを無能で不器用だと思った。それに、彼は英語しか話さず、ひどい人見知りだった。というわけで初めの頃、私は彼につきっきりだった。

一人の選手と、彼を見込んでデビューさせる監督との間には特別な結びつきが生まれる。周囲の者に対し、そして時には選手自身に対しても、粘り強く向き合わなければならない。忍耐強さを学ぶ良いチャンスとなった。

ウェアは心血を注いでトレーニングに臨んだ。私は彼をとにかく走らせ、マンツーマンでの練習も行った。選手はトレーニングによって成長するものであるが、ウェアにはすぐにその手ごたえを感じた。次第に周りの選手たちから一目置かれるようになったウェアは、繊細でありながらタフであり、テクニックも洗練させ、当初には予想もできなかったような技能を磨いていった。機転が利き、パワフルで、次々と白星に貢献した。

チームに入りたての頃、彼はペナルティーエリアでどんなにひどい目にあわされても無言だった。ありのままを受け入れる、その態度には驚かされた。「倒れたままでいいじゃないか、ペナルティーだぞ」と私が言っても、彼はすぐに立ち上がった。彼の誠実さは本物であり、とにかくプレーだけに集中していた。彼は１９８９〜９０年のシーズンに入ってスタメンの一人となったが、その前にチャンピオンズカップ予選のレイキャヴィクとの試合に出場し、決勝トーナメント進出に一役買うという活躍も見せていた。

こうして少しずつ、ホドルとのコンビも定着し、ウェアは真のスター選手への階段を上り始めた。最初の頃は非常に孤立していた彼だったが、私が１９９１年にセンターフォワードのジェームス・デッバー、１９９２年にはミッドフィルダーのケルヴィン・セブウェと、シーズンを重ねるごとに彼の故郷リベリアから選手を獲得してからは、彼らと共に一致団結し、それはチームにとって大きな宝となった。

それにしても、１９８８年にウェアが初めてモナコでプレーした時、彼が後にバロンドール賞を受賞（１９９５年）するとは誰が予想できただろう？　彼はモナコを離れた後、ＰＳＧとミランで活躍し、チェルシーにも在籍した。１９９５年のバロンドール授賞式の際、私は偶然ミラノにいた。そのことを知ったウェアは私とコンタクトを取り、ぜひ授賞式に出席してほしいと願い出た。私は招待状など持っていなかったので、警備員たちはもちろん私を会場に入らせてくれなかったが、どうやらウェアが仲介に入ったようだった。授賞式の後、式典でウェアが渡してくれたトロフィーを手にして私が会場から出た時の警備員たちの顔といったら！　本当に素敵な思い出だ。おそらく、受賞した選手が監督を壇上に呼び、トロフィーを渡したというのはこの時だけではないだろうか。

テュラム

１９８９年、私にとってモナコでの2年目の年、マルセイユとの熾烈な争いはさらに激しくなり、今度は彼らがフランスリーグを制した。モナコにとってマルセイユは、アーセナルにとってのマンチェスター・ユナイテッドのような存在になった。当時マルセイユはフランスきっての選手を集め、熱意があり、意欲に燃えた優れたチームだった。その姿はマルセイユのサポーターたちにそっくり重なる。まさしく生きるか死ぬかといった様子の彼らとの顔合わせ、試合中のあの緊張感がたまらなく好きだった。両チームともに多くの白星を挙げ、結局はマルセイユがチャンピオンとなったが、シーズン中は常に両チームが首位争いを繰り広げていた。

１９８９年はまた、モナコが欧州レベルで大いに気を吐いた記念すべき年でもあった。チャンピオンズリーグ決勝トーナメント第1戦、ホームで6対1と圧勝したブルッヘ戦は思い出深い。しかし、準々決勝では特殊な状況下でガラタサライに敗れ、私はこの敗北をかなり引きずった。

翌年、その敗北を乗り越え、チームをさらに強化して前進させ、常に若い選手を発掘する必要があった。ウェアの次に私が見出したのはリリアン・テュラム。彼はいわゆる「奇跡的によみがえった選手」のカテゴリーに入る選手である。

テュラムはフォンテーヌブローにて、中盤の右サイドでプレーしていた。彼のことを私に教えてくれたのはモナコのジュニアチーム監督だった。フォンテーヌブローの会長とは友人だったので、私は早速彼に電話をかけ、テュラムの将来性や、彼がどんなことを行っているのかを確かめたかったのだが、会長はテュラムがニースと仮契約を結んだばかりだということを私に告げた。そうなると、とにかくやるだけのことはやってみようと思い立ち、まずはテュラムの元にモナコの者を送り込み、別の仮契約にサインさせた。使いの者にはそれを今すぐに投函して、1日も早くそれをフランスプロサッカー協会へと届けるように念を押した。ニースは先にテュラムとの仮契約書のサインを交わしていたが、それをプロサッカー協会に送ったのは月曜日になってからで、モナコよりも遅かったため、テュラムはモナコへ加入することになったのである。

彼はもともとミッドフィルダーだったが、私は彼をセンターバックに配した。なぜなら、彼は一対一の対決の場面に強く、誰も恐れず、その精神力の強さは驚くほどであったからだ。また、そのテクニックや戦術の強さが彼をトップクラスへと導いた。彼はディフェンダー特有の反射神経は持ち合わせていなかったけれど、新しいことを学んで吸収したいという意欲は人一倍だった。

それでも、私はすぐには彼を起用しなかった。まずは彼にシュートを練習させた。ある時、そのトレーニング中に彼は負傷した。診てくれた医師は深刻な表情をしていた。この負傷により、テュラムは膝蓋骨《しつがいこつ》に大きな異常があることがわかった。というのは、筋肉が膝蓋骨に沿っていないので伸縮範囲が大きく、強力なシュートをする際に筋肉を傷めていたのである。厄介なことに、それは両脚ともそうだった。

医師はすぐに両脚の手術を提案したが、もし両脚とも使えなければリハビリさえも不可能になるだろうということで、結局は片脚だけという道を選んだ。手術後、彼は丸1年間サッカーとは縁のない生活を送った。しかし、彼はその鉄の意志のおかげで徐々に回復した。トレーニングにも復帰し、試合に出場するようになったが、もう片方の脚は決して手術を施さなかった。まさしく奇跡の帰還である。当時、テュラムがフランス代表選出回数記録を更新し、そのうえワールドカップで2得点を挙げることを予想できた人がいたなら、私はその人を狂人扱いしたことだろう。

これもまた、忍耐と謙虚さを再び教えてくれた良い経験だった。サッカーでも、日常生活でも、可能性の扉を閉じてしまってはいけない。私は彼を信頼していた、そして、学ぶことに対する彼の貪欲《どんよく》さを信じていた。テュラムが酷いミスを犯した時や、とりわけメッスとの試合の時のように、あまりにも出来栄えが平凡だった時などには、彼をメンバーから外したこともあった。しかし、彼は生まれつき精神が強く、何事にも戦い抜く気力があり、自分の間違いを理解しようと努める、そんな選手の鑑《かがみ》のような人間である。

プティ、ジョルカエフ

1991年、クラブにとって二つ目のタイトル、フランスカップも獲得した。1991〜92年のリーグ戦では、マルセイユ、PSGとの三つ巴となり2位に終わったが、欧州クラブカップでは強豪としのぎを削り、ウィナーズカップでは決勝まで進むことができた。

白星を挙げ、確実に力を伸ばし、トップクラブへの仲間入りを果たした上で、その状態を維持していかねばならない。それを、先に挙げた経験豊富な選手たちから成る世代、ウェアやテュラムといったクラブが新たに獲得した選手たち、そして、モナコや他のクラブの養成所から巣立った若い選手たちと共に我々は成し遂げた。

その新世代の若い選手の中で忘れてはならないのがエマニュエル・プティだ。彼はチームメイトたちからやや距離を置かれていた。反抗的だという噂に皆が彼を訝《いぶか》しく感じ、チームに残すべきかどうか誰にもわからなかった。だが私は彼に賭けてみたかった。

彼にはこんな逸話がある。ある大事な試合の前日、プティは夜中の2時になってようやく帰ってきた。試合へのプレッシャーや緊張を感じて眠れなかったので、外を歩いて気を落ち着けていたのだと言った。私は彼の言葉を信じようと思った。そしてまた、彼を試合に出場させることも決めた。プティの出来栄えは素晴らしかった。選手のキャリアは何でもないことがきっかけとなって花開くこともしばしばある。試合中、彼はチームのために全力を尽くした。

戦いに臨む時の、また自らを危険にさらすような場面での彼の精神力は驚異的であり、チームのためなら惜しみなく力を出し、持久力も抜群だった。彼とプレーを共にした選手は誰でも、その人柄の良さをよく理解している。

私はまた、当時2部リーグのストラスブールでプレーしていたユーリ・ジョルカエフもモナコで1部リーグデビューさせた。アルザスにいる友人たちから、ジョルカエフに関する良い噂を聞いていて、彼のプレーを見に行ったジャノ・プティも太鼓判を押した。彼もモナコでは本当によくやってくれた。自分の才能の上に胡座《あぐら》をかいているような部分もほんの少し見られたが、彼は頭脳明晰なので、どんな時に全力をかけて戦わねばならないのか、すべてお見通しだった。

選手評価のメソッド

私たちには独自のトレーニング方法があった。あらゆる角度から綿密に試合の準備を行い、最良の環境と設備を整えたことで、チームの実力は向上していった。モナコではまた、私の友人であるジャン＝マルク・ギユーが開発した評価メソッドも大いに利用し、非常に重宝した。モナコはそのメソッドを利用した最初のクラブでもあった。

トップ・スコアと呼ばれるそのメソッドは、選手を細かく観察し、そのパフォーマンス一つ一つにポイントを与え、選手を評価するツールである。選手が行うアクション一つ一つがポイントにつながる。たとえば、前方へのパスなら10ポイント、サイドへのパスなら5ポイント、バックパスなら2ポイントといった具合で、そうやってはじき出された攻撃面でのスコアと守備面でのスコアを足すのである。

当初、ギユーはなかなかこのツールを普及させることができなかった。私たちは昼夜を通して話し合い、私は彼がそのツールを磨き上げてゆくのを傍《かたわ》らで見守った。選手のパフォーマンスを客観的に捉えることを可能にさせるあらゆるものと同様に、そのツールも本当に素晴らしいと私は思っていた。当時は監督の主観がすべてであり、それだけではやはり不十分な部分があった。監督という仕事は自分の判断と直感の上にのみ成り立っていたのである。

個人的には、そうした科学的な方法論の力を借りるのは大切なことだと思う。まだ先の話だが、私は選手のフィジカル面でのパフォーマンスを評価する機関と契約を結んだ、イングランドで最初の監督にもなる。モナコでは良い結果を維持し、そして選手の実力向上や進化する様子をこの目でしっかりと追うことができた。

トップ・スコアのおかげで、たとえば32歳のミッドフィルダーが守備面でのスコアを落としながら、攻撃面でのスコアを伸ばしていることや、敵陣に上がってプレーするエネルギーは以前ほどないが、より自分のスタイルに合った、より戦術的なプレーをしていることに気づかされたことがある。こうした合理的なメソッドが、我々の周囲で起こっていることを把握させてくれるのだ。

いくら監督とはいえ、すべてを見極めることは不可能である、時には失望や恨み、怒りを感じ、客観的な目を失ってしまうことだってある。感情に流されてしまう時もある。だからこそ、私は試合を何度でも見た。トップ・スコアはより客観的な視点を得る手助けだったのである。

カンポラ会長とジャノ・プティ、そして私はトップ・スコアが移籍市場で効果を発揮する機会があるとも感じていた。モナコがマルセイユやPSG、あるいは欧州各国の強豪クラブよりも資金が少ないことは確かだった。だから私たちはそういった別次元の資金力のあるクラブとは逆を行き、賢い財務管理を行っていた。自分たちの資金力に見合った選手を獲得し、できる限り金銭的に負担のかからない解決策を見出す。トップ・スコアがはじき出した指数評価のおかげで、モナコはまだ他のクラブから目をつけられておらず、ラブコールを送られていない選手たちを獲得することができた。また、養成所にいる若い選手たちにチャンスを与えることも可能になった。

快進撃と敗北

翌1992年はモナコにとってウィナーズカップでの快進撃と、決勝戦での手痛い敗北によって印象に残る年だった。決勝には何と無敗でたどり着いたのである。だが決勝戦の前のトレーニング中にクロード・ピュエルが衝突により負傷した。彼はディフェンス面でチーム全体のバランスを取る必要不可欠な存在だっただけに、打撃は大きかった。

そこで、私はより攻撃的なチームを構成したのだが、勢いのあったブレーメンを相手に、モナコは普段よりも脆《もろ》かった。しかし、決勝戦の前日に起きたフリアニの悲劇（訳注：1992年5月5日、バスチアで行われたフランスカップ準決勝の試合前に仮説観客席が壊れ、2000人以上の死傷者を出した事故）がこの試合を一変させ、我々の心と記憶の中に長く刻まれることになる。

決勝戦の開催地リスボンのホテルにいた私たちは、試合が予定通り行われるのか気が気でなかった。こんな事件の後に一体どうやってまともなプレーができただろう？　モナコのプレーは酷かったし、スタジアムもガラガラで、みんなサッカーどころではなかった。そして、この敗北は私たちの悲しみと結びつき、選手みんなにとって一生消えない傷を残した。

翌日、私はカンポラ会長と共にバスチアへ向かい、病院と教会に足を運んだ。非常に限られた予算内で最大限の努力をしてきたクラブのバスチア。あふれる感情が、怒りがそこにあった。

1985年のヘイゼル事件（訳注：ブリュッセルのヘイゼルスタジアムで行われたチャンピオンズカップ決勝の際、試合前の暴動で400人を超える死傷者を出した惨事）が起きた後と同じように、私たちは皆ショックを受けていた。勝てればそれでいいという競争の世界と、自分たちの間にある距離を感じたのである。しかし、私たちはそんな競争の世界に戻らなければならない。ただその前に、一人一人が、クラブが、また最も権威のある機関が、亡くなった人、負傷した人たちのことを忘れず、サッカー界がこの悲劇を教訓にし、そうしたことが二度と起こらないように努めなければならない。

八百長

1993年、一部の選手たちはクラブを離れ、また他の選手たちは負傷に悩まされ、新しく獲得した若い選手たちは成長していった。モナコはチャンピオンズリーグでアテネ、ブカレスト、ガラタサライを次々と下し、素晴らしい活躍ぶりだった。しかし、準決勝のACミラン戦で手痛い敗北を喫した。モナコがここまで快進撃を続けたのはクラブ史上初めてのことだったが、やはり苦い記憶として残った。

加えて、サッカー界の闇の部分の苦々しい思い出も残っている。不祥事疑惑、八百長試合、審判や選手の買収、そして、私が真っ向から対立したマルセイユのことだ。マルセイユの対ヴァランシエンヌ戦での八百長スキャンダルは、数年前からはびこり、あらゆる関係者たちを毒していったそのシステムにピリオドを打った。

そのことについて語るのは今でも辛い。疑惑はとてつもなく深く、確信があっても証拠が何一つない。真実を知る人たちに、私からそのことを話すように勧めたこともあったが、その人々も重い口を割ろうとしないのに、どうして私がそのことを話せるだろうか？　あれから何年も経過した今、どれだけ公平な目で振り返ることができるだろうか？　しかし、フランスのサッカー界も私自身もこの闇の時代を切り抜けてきたし、プレーそのもの、サッカーというスポーツ、そして人間そのものへの私の思いは揺るがなかった。

当時、こんな状況はそう長続きするまい、わずか一握りの関係者だけの話だと私たちは思っていた。たとえ疑惑を抱いても、地に足をしっかりつけて、選手たちを信頼するよう心掛けねばならなかった。何より、そうした疑いの念が我々のトレーニングやプレーのやり方を変えるようなことは決してあってはならなかった。毎回相手チームに疑いをかけることもできない。八百長の事実があったのかなかったのか、そんなことは関係なく、マルセイユは素晴らしい選手たちを多く抱える偉大なチームであることを私たちは知っていた。

不穏な空気、選手たちの間の密談、誰それが関わっているという噂、そうしたあらゆることを前に、私がどこか無力さを感じていたのも無理はない。とにかく、疑惑を頭の中から払拭《ふっしょく》し、自分たちが信じられるものだけに集中しなければならなかった。私は怒りをひた隠しにして、黒星に終わった試合ではそれが何らかのインチキによるものだとは口が裂けても言わないように心掛け、反対に、さらに努力をするように選手たちを鼓舞した。選手たちを疑心暗鬼にさせたままでチームをまとめ上げることなど私には不可能だった。監督は、選手たちが自分の力を信じることができるよう導く人間である。当時のそんな風潮や、実際に行われていた恥ずべき行為のせいで、私の夢、そしてサッカーの持つ美しさが損なわれることなどあってはならないと強く思っていた。どんなひどい手を使ってでも勝つ、私がそんなことを考えたり実行したりすることなど今後も絶対にないだろう。

そして、日本へ

モナコの監督を退き、日本へと赴いたのは、私にとって一種のセラピーのようなものであった。そして、それまでに感じていたような苦痛から解放された。あの疑惑に満ちた空気は最悪だった。もうすっかり昔の話であるが、それはいくつもの爪痕と、ある信念を残したと私は確信している。あれほどの不公正さとフラストレーションを経験すれば、疑念を遠ざけてくれるありとあらゆるものに対して好意的になるものだ。

公正さのためならば、今後もずっと闘い続けるつもりである。たとえ突発的な感情の爆発に訴えざるを得なくなっても、私にとってそんなことは取るに足らないものである。たとえば、VAR、ビデオアシスタントレフェリーに関し、多くの批判の声を耳にしたことがあるが、私は逆にとてつもない進化だと思う。VARは試合の盛り上がりを台無しにするし、以前ならばミスジャッジがあっても何らかの形でその埋め合わせの判定があり、均衡がとれていたではないかと主張する人が数多い。ミスジャッジに均衡があるという根拠などどこにもないし、たとえそうであれば、ミス自体はさほど重要ではなく、さらに一歩踏み込めば、いくらでもミスを許容することができるということを意味しているので、私に言わせればとんでもない言い分である。

あのフランスサッカー界にとっての闇の時代に起きた被害を忘れ、立て直すには、まさに公正さと透明性を拡大させるために尽力するのが一番の方法だと私は思う。

モナコ時代にはタイトル獲得、欧州クラブ大会参戦、激しい首位争いといったことを初めて経験した。私は結局そこで7年間過ごし、これはモナコ歴代監督の中でも最長である。モナコを去る数か月前、バイエルン・ミュンヘンからオファーを受けたが、心から愛するクラブと選手たちと一緒にいたいと思っていたし、契約を最後まで全うしたいという気持ちがあったのでお断りした。しかし、最後のシーズンは散々な立ち上がりで、またしても多くの選手が負傷し、会長も、どうせ契約が終わったら去ってしまうのだから、今のうちに私に暇を出そうと考えた。やや不当で突飛な気もしたが、それもサッカーを仕事にする上でつきものの厳しさだとよく理解していた。

現在、世相や経済面からの要請、立派なチームを作るためだけでなく、よりビジネスに注力しようとするクラブ幹部の意向によって、モナコは大きく変化した。今はたとえ、チームを空っぽにし、これまで積んできた努力が水泡に帰しても、移籍市場という金の成る木で利益を出すことが重要課題なのだ。ただし、オーナー、監督、選手などが入れ代わり立ち代わり目まぐるしく変わる中でも、サポーターと彼らの持つ忠誠心は変わらない。ビジネスの掟に従ったスポーツ界の新しい掟は、私が監督だった頃のチームやクラブの姿を一変させた。

日本へと旅立つ際に、私はモナコで経験したことの中でもポジティブな面だけを心に刻んでいたいと思った。クラブは野心を新たにしたし、トップクラスへの仲間入りを果たした。素晴らしい選手たちが育ち、世に出始めた。

その最後の選手は他でもないティエリ・アンリである。17歳以下のチームで活躍していた彼は、1994年に華々しくデビューした。活力にあふれ、知性があり、フィジカル面で驚異的なパワーを誇る彼は、その時からすでに大物になる兆しがあった。後に私はアーセナルで彼と再び手を組むこととなる。

私は、試合の楽しさ、カップ戦の熱気、無邪気さと楽観といったものを失ってしまったが、その体験を今後に活かしたいと思った。そして、そうした失ったものは名古屋に来てすぐに取り戻した。

PART 5

日本

妻アニーとの出会い

モナコの監督を務めていた頃の自宅は、ヴィルフランシュという地中海を一望できる、何とも夢のような場所にあった。モナコでは友人たちもでき、後に妻となるアニーとも出会い、彼女との間には1997年に一人娘のレアが誕生する。

アニーはしばしばスタジアムを訪れていたので、そこでよく顔を合わせるようになった。彼女はかつてバスケットボールの選手をしていて、一度プロのバスケットボール選手と結婚し、すでに二人の子供がいた。私たちが出会った頃、彼女はスポーツ教育学の講師をしており、その生徒たちを連れてスタジアムに来ていたのだ。

二人の愛情は次第に膨らんでいったが、出会うまではお互いに誰かと一緒だったり、また独身だったり、それぞれの人生を歩んできた。そして私は何よりも自由を謳歌していたかった。

私は一人で生きることに慣れ、自分のルールに従って生活し、またそういう生活を続けたいと思っていた。それに、私にはサッカーという、自分の全時間を費やすことも厭《いと》わない情熱があった。

だが、アニーとはお互いのことを知り、いろいろなことを発見し合い、スポーツへの情熱や、スポーツをすることで求められる規律や厳しさについて同じ考えを持っていることがわかった。そうして私たちはつき合いを始め、私が日本へ行くことを決めてからも、休暇を利用して会いに来てくれた。

私は長年休む間もなく働いてきたが、トレーニングの時はいつも、スタジアムの芝や試合が恋しく思えた。住んでいた街がどんなに美しく、生活スタイルがいかに優雅であろうと、私はそうしたことへの強いこだわりはなく、新しいクラブを求めて遠い異国の地へ行くことにも何ら躊躇《ちゅうちょ》はなかった。

海の見えるヴィルフランシュの風景も何もかも捨てるのは辛くはなかったかと訊かれた時、私は自分の性格や当時の心境をよく表すこんな話をしたものである。

モナコ時代には息をのむほどの美しい眺めが楽しめる場所に住んでいた。だが、試合に負けた日はそんな眺めはまったく目に入らなかった。日本では、非常に快適なマンションに住んでいたが、寝室の窓を開けると、そこには隣の建物の壁が見えるだけだった。しかし、私はそれさえも目に入らなかった。それに、試合に勝った日は、建物の壁はとてつもなく美しい風景に変わるのだ、と。

Jリーグ

私とグランパスとの間を取り持ったのは、かつてレッドスター・ベオグラードとディナモ・ザグレブでプレーし、その後代理人に転向したミラン・カラサンであった。1993年に創設され、勢いのあったJリーグのことは話に聞いて知っていた。鹿島アントラーズのレオナルド、ジュビロ磐田のドゥンガなど、そうそうたる顔ぶれの選手たちを集めていたからだ。当時のJリーグは資金力があり、今と違って選手や監督への報酬はヨーロッパよりも高かった。カラサンからの話を聞いて、とにかく行ってみて、クラブの様子を見てみたいと思った。ただ、オファーを受けるかどうかはまったく未知数だった。

というわけで、カラサンと二人で名古屋へと向かい、街の様子とクラブを視察した。名古屋は一見したところ産業都市であり、朴訥《ぼくとつ》として、やや魅力に欠ける街だった。そんなところなので、せめてクラブでの居心地だけでも良ければ、とすぐに感じた。

クラブはJリーグ創設と同じ年にプロ化され、その起こりは1939年、トヨタ自動車SCに遡《さかのぼ》る。クラブにはいわゆる企業精神があり、選手たちも社会人からプロに転向した者が多かった。彼らは企業のためと同じくらい、クラブのためなら死ぬ覚悟さえあった。また、非常に強い連帯意識があった。

クラブが苦戦を強いられていたのは知っていたが、彼らがホームで行った試合でそれを目の当たりにした。何しろ、「Jリーグのお荷物」とさえ呼ばれ、9戦連敗中だったのである。

当時は2部リーグがなかったので降格という危機はなかったが、最下位争いをしていて、私が観戦した試合でも彼らの意気込みは感じられたものの、組織力に欠け、何よりもカギを握る選手がいなかった。ゲームメーカーとなるミッドフィルダー、チャンスを作れる中盤、強力なセンターバック、そしてさらに欲を言えば、もっと力のあるGK。チームには可能性があり、クラブには良好な空気があり、クラブ役員らとは信頼関係を築けるだろうと感じたし、何よりも大きなチャレンジであるという点が非常に気に入った。

翌日、彼らの提示する契約内容とその条件に関する話し合いが行われた。クラブ側には2、3週間ほど考える時間が欲しいと告げ、決心を固めないまま私はヴィルフランシュへと戻った。彼らの試合のビデオを持ち帰り、それを見ながら彼らの現在の実力、何が欠けているかをできる限り的確に判断し、どうすれば最良のやり方で、思い通りに自分の力を発揮できるのか考えた。そうして私の心は次第に固まっていった。

アレクサンドレ・トーレス

日本へ発ってクラブとの共同作業に入る直前、私はチームに欠けているタイプの選手を探し求めた。そこで私はブラジルへ行き、クラブが用意してくれた予算内で見込みのある選手を一人か二人見つけようと思った。

サンパウロで試合のビデオや実際の試合を見て何時間も過ごしていた中、代理人がビデオを私の所にもってきて、「このセンターバックを見てくださいよ。まさにぴったりの選手じゃないですか」と言った。そのビデオを見たことは見たのだが、私が惹かれたのは彼の対戦相手チームのセンターバックだった。私は代理人にそう告げると、彼はさっそくリオデジャネイロにいるその若い選手と彼の代理人にコンタクトを取り、彼らと会う機会を翌日にセッティングしてくれた。

二人が来るのを待つ間、とりあえず私は彼が出場している試合のビデオを見て、さらに確信を深めた。彼はゲームの流れを理解し、先が読める。身長も高く、テクニックも申し分ない。まさに我々が必要としている選手だった。実際にプレーする姿を見たわけではなかったが、映像での彼のパフォーマンスだけで決心した。それがアレクシャンドレ・トーレスである。

顔を合わせる手はずは整えられていたものの、トーレスの代理人の名前はこちらに伝えられていなかった。そして翌日、二人そろって約束の場所にやってきた。私はなんとなく奇妙な気がした。どこかで見た顔だ。私はその代理人に名前を尋ねると、それはカルロス・アルベルトだった。伝説の1970年ブラジル代表キャプテンを務めた有名な右サイドバックである。彼はトーレスの父親であり、同時に代理人だった。父カルロスはブラジルサッカー連盟とやや険悪な関係にあり、それが理由で息子は代表チームに入らせてもらえなかったようだった。私の目に狂いはなかったと安心したことこのうえなかった！

後に彼のプレーをじかに見て、私は100パーセント確信した。彼は優れた選手であるだけでなく、純粋な心を持ち、素朴でありながら驚くべき気品のある人間だった。彼とその父親とはその後も交友関係が続き、二人はよくアーセナルの試合を見に来てくれた。

妻や両親と共にクリスマスを過ごそうとブラジルを発つ前、ブラジル代表がセルビアと対戦することを耳にした。セルビアにも良い選手がいないかと思い、私はその試合を観戦するためにブラジル滞在を伸ばし、結局一家だんらんのクリスマスのお祝いをフイにしてしまった。

セルビアにめぼしい選手は見つからなかったが、当時グランパスにはセルビア人の名選手でありながらもほとんど起用されていない選手がいることを知っていた。それはドラガン・ストイコビッチだ。私が彼を起用し、彼自身もやる気を出してくれれば、必ずやあの絶頂期のレベルを取り戻せる、私はそう信じていた。

パッシ、デュリックス

アレクシャンドレ・トーレスのほかに、私とこの冒険にチャレンジしてみたいと意欲を見せた二人のフランス人選手がいた。攻撃的ＭＦのジェラルド・パッシ、そしてミッドフィルダーのフランク・デュリックスという、私もよく知っていた選手だ。パッシはモナコ時代に私の下でプレーし、デュリックスはカンヌで活躍する姿を見てきた。

私はデュリックスの移籍の件でカンヌの市役所と交渉し、グランパスの役員をニースに呼んだ。しかし、契約のサインをする直前になって、グランパスの役員がどこか及び腰であるように感じた。

彼に話を聞いてみると、「デュリックスはそれほど優れた選手ではないのではないか」と吐露《とろ》した。

この時、私は自身のグランパス行きを白紙に戻すこともできただろう。どんなに万全を尽くしたと思っていても、粘り強く交渉してきても、すべてが一瞬にして崩れ去ると感じる瞬間は誰にでも経験があるのではないか。もしかしたら、1年半の名古屋での経験は存在しなかったかもしれない。

私は彼の移籍にとてもこだわっていた。そこで私は役員に選手と契約を交わすかをもう10分考えてもらった。交わさなければ私は監督契約を棒に振るつもりだった。デュリックスはグランパス入りし、クラブ側は彼の獲得をまったく後悔することはなかった。

デュリックスもパッシもとても才能のある選手だったので、二人の貢献はチームだけでなく、日本のサッカーやJリーグにも何かをもたらすだろうと確信していた。

フランスでのあの暗い時代を経て、日本へと新天地を求めるのは膿《うみ》を出すようなものであり、外国人選手たちにとっては、誕生したばかりのリーグで異なるプレースタイルを発見し、伸び伸びと実力を発揮するまたとない機会でもあった。つまりJリーグでのプレーは、誰にとっても新しいチャンスだった。彼らの日本での経験はその人生を変えたはずだ。それは私にとっても同様である。

私の右腕、プリモラッツ

私の見込んだ選手たちと共に名古屋入りして数週間後、ボロ・プリモラッツが私の右腕としてやってきた。選手時代のプリモラッツの高いクオリティーは知っていたし、何事にも全力で打ち込む情熱あふれるその人柄もよく知っていた。名古屋で私は彼のコーチとしての実力を発見し、ここから始まった彼とのコンビはアーセナルで長年にわたり続くことになる。

我々はサッカーに対して同じ考え方をしており、プリモラツはチームスポーツへの造詣《ぞうけい》が深く、トレーニングでは私が口を開く前から私の求めていることを把握していた。彼はもともと好奇心が旺盛で、どんな場所でも生活できたし、あらゆる状況に適応し、選手たちから受け入れられることができた。選手たちは彼のことがとても好きだった。

彼も私も単身で日本にやってきて、配偶者は休暇の際に会いに来てくれるだけだったので、それ以外の時は二人でよく一緒の時間を過ごした。決して一人きりにならず、サッカーに、そして任務に集中できるようなシステムを二人で作り上げ、1年半にわたる共同生活で私たちの友情と仕事のスタイルはゆるぎないものとなった。私たちはまた、二人の間だけで通じる合言葉のようなものも作り上げていった。

私たち二人だけでなく、私の父の性格をもよく表すこんな話がある。アーセナルにいた頃、両親が会いに来てくれたので、プリモラツの家族と私の家族とで一緒に夕食を取ることにした。食事の間中ずっとプリモラツと父は何やら話し込んでいた。食事が終わってしばらくして、プリモラツと一体あんなに何を話していたのかと父に尋ねたら、父はプリモラツの話がさっぱりわからなかったと白状した。プリモラツもお前も、まるで二人にしかわからない言葉をしゃべっているようだった、と。その言葉は日本で生まれたあの合言葉だったのだ。

沖縄合宿と選手

シーズンが再開する前、私は外国人選手と日本人のメンバーを連れて沖縄へ合宿に行った。私は、当時35人いた選手のうち、20人に絞ろうと思っていた。人数を減らすことで、チームはもっとうまく組織され、より強力になると思ったからだ。しかし、ここで私は大きなジレンマにぶつかった。トレーニングが始まり、彼らがフィジカル面で懸命に努力する姿や、トレーニングに真摯《しんし》に向き合う態度を目の当たりにして、これは全員残すべきではないかと思い始めたのだ。

選手たちは皆申し分なかった。鍛錬を重ね、実力を向上させることへの意欲は驚くほど高かった。これほど強靭な意欲、努力する姿勢、クラブへの忠誠は、日本以外ではお目にかかったことがない。その熱意のこもった取り組みと死に物狂いで鍛錬に励む姿は、私が監督を務めた1年半の間、すべての選手に絶えず見てとれたものである。

トレーニングが本格的に始まる時間にはすでに、選手たちがへとへとになっていることもあった。そんな事態を避けるためには、トレーニングの時間外ではボールをどこかに隠しておく必要さえあった。

努力するこの姿勢はすべての選手たちに影響を及ぼしていった。たとえば、それまで何か月も起用されていなかったストイコビッチ。彼が最高のレベルに戻るには、とにかく一生懸命トレーニングすることが必要だと感じたので、私は非常に厳しいトレーニングを課した。その結果彼は練習試合でも全力で戦うようになり、その粘りはついに実を結んだ。日本でスター選手となったストイコビッチは、数年後にはグランパスの監督になるまで成長したのである。

散々な開幕

沖縄での準備期間ののち、私たちはサンパウロFCとシーズン初の親善試合を行った。当時、ブラジルはワールドカップを制覇したばかりで、力試しといったところだった。私はその時はもうすでに自分のメソッドを実行に移し、私のプレーにかける熱意を選手たちに伝え始めていた。なので、チームがどんな風に成長したのかこの目で確かめてみたかったのである。守備面ではやや弱さがあったものの、グランパスは快勝！　この一戦は私を勇気づけ、安心感を与えてくれたし、選手たちの持つあらゆる可能性を目の当たりにすることができた。

しかし、リーグが開幕すると結果は散々で、次々と黒星を喫した。開幕後8節目にして、勝ち点はわずか4で最下位という成績だった。選手たちは自信を失い、クラブの役員らが私への信頼を失うのも時間の問題かと思われた。

クラブに呼び出された私は、プリモラツに「荷物をまとめる準備をした方がいいかもな」と話したのを覚えている。クラブでの話し合いの席で非常に残念な成績を誰もが認め、ここでいよいよ私を解雇する話が出るのかと思いきや、クビにされたのは私についていた通訳の者だった。私の価値観や指導が伝わらないのは通訳に責任がある、という理由だったのだ！　私は彼を残してもらおうと必死になり、何とか納得してもらうことができた。

クラブ側としては、前シーズンよりも悪い成績で終わることはおそらくないであろうから、私にもう少し時間を与えてやってもよいと判断したのだろう。

それに役員たちは、私がクラブのため、試合のためにどれほど懸命に取り組んでいるのかを見てきていた。私は絶え間なく働いて、Jリーグが骨格を作り上げ、前進する手助けをしたかった。

美しさを重視する日本

私はいろいろと試行錯誤をした。失った自信を彼らに取り戻させるためには、相手チームの選手に対し怖気づかず、自分たちのパワーと才能に精神を集中させる必要があった。後方の脆《もろ》さへの対策としては、大岩剛とトーレスをセンターバックに置いてチームの効率アップを図った。二人は意欲があり、粘り強く、機敏であった。トレーニングも熱心に行い、規律正しさは申し分なく、私が彼らに期待していることを忠実に実現しようと懸命だった。

生け花から相撲の力士や野球選手の立居振舞に至るまで、日本では様々な技能において美しく、正確で繊細な動作が見られるように、選手たちにもそれに対するこだわりがあった。そうしたエレガントさや優雅さの追求という面に、私はすこぶる感心した。選手たちの足の動きは軽やかだった。ただ、力強さに欠け、時には効率よりも美しさを重要視するところがあった。しかし、彼らは常により正確で、機敏で、軽やかで、そして粘り強いプレーでそうした欠点をカバーした。

自分の長所を最大限に発揮すること、それは私がどんなチームでも教えようと努めてきたことだ。パワーを増長させ、技能を極め、それを前面に押し出す。そうすれば欠点はカバーされ、自分の実力に疑問を抱くことはなくなる。

グランパスにはもう一つ、本能的に備わっているある長所があった。それは非常に強いチーム精神、共に支えあって勝利を目指すという意欲がごく自然に身についていたことである。これはイングランドのクラブでも見受けられた特長だ。

私はまた、自分の価値観や教えを日本の風習や信仰に適合させることも学んだ。私が何か要求する時も様々な面で折り合いをつけ、選手たちによりうまくそれが伝わるよう、言い方を変えもした。これもまた私にとってかけがえのない勉強だった。モナコなど他のクラブでは、私はやや堅物で厳格、高圧的な態度であったかもしれない。しかしここでは臨機応変に対応し、物事を順序良く組み立てて考え、理解しようとした。

プレーについて、最良の指導について、そして各国の文化やクラブの持つ独特の文化について考えをめぐらすことにより、私はさらに成長し、より的確で教育者的な人間となった。

トレーニングのやり方、試合の準備の仕方、自分はチームの大事な一員であるという自覚……私としては選手たちにこういったことをどうしても伝えたい。それらをいかにうまく伝えられるか、そして私の持っているポリシーをどうその場に適応させ、あるいは変えてゆけるか、さらによく知ることができたのである。

日本との折り合いを見つける

というわけで、私は様々な点で折り合いをつける必要があった。たとえば欧州では、一般的にあらゆるスポーツ選手に共通することだが、試合の前日に熱い風呂には入らないよう求められる。ところが日本には、古来より蒸し風呂や温泉といった習慣がある。選手たちが何時間も風呂に入っているのを初めて見た時は不安で仕方がなかった。しかし、私は何も言わなかった。彼らの伝統と習慣を尊重すべきだと思ったのである。

また、選手たちやコーチの心情を傷つけないようにも注意を払った。日本人は非常に名誉を重んじる人々である。面目をつぶされることがあってはならない。監督がある選手に向かい、お前は下手だ、無能だなどと言ってしまえば、選手は面目をつぶされてしまう。なぜなら、選手は常に自分のベストを尽くしていると基本的に思っているからだ。不満に思っていることや非難したいことを口にする時、相手の心情を害さないよう特別な言い回しを編み出す必要があった。もっとも、私自身が無理でも、通訳の者が代わりにそれをやってくれることは承知していた。

私が適応する必要に迫られたもう一つの日本人の性格は、何よりもその規律を守る姿勢と熱心な練習ぶりであった。それらはもちろん長所なのだが、行きすぎると逆に欠点にもなり得る。たとえば、監督に対してあまりにも敬意を払いすぎて、何もかも私から言わないと行動しない、ということが挙げられる。言われたことは一字一句守るのだが、自発的に何かに挑戦することがないのである。彼らは私が逐一あれをしろ、これをしろと言いつけるだろうと思っていたので、当初は困惑した。

私は、プレーにおける最良の策を彼らに用意するためにここにいるのであって、それを実行に移すのは彼ら自身だ。そのことを理解させなければならなかった。選手たちは解放され、伸び伸びと自分のプレーを繰り広げるべきであった。そうして、スピードと幅広い動きをベースにしたチームプレーを発展させ、私は彼らのテクニックと、相手を首尾よくかわす抜け目のなさに賭けることができるようになっていった。

成功を収めるにはとにかくトレーニングあるのみ、と私は彼らに言っていたが、あれほどの熱意でトレーニングに臨むとはまったく想像していなかった。トレーニングにかける意欲をあれほど感じたのはこのグランパスが最後であった。トレーニングが始まるまでボールを隠しておいて選手たちに使わせず、彼らの体力を温存させようと知恵を絞る必要に迫られたのも、この時が初めてだった。

相撲

お互いに適合し合い、歩み寄り、私たちは勝利を挙げ始めた。選手たちは私のメソッドや価値観に歩調を合わせ、私も彼らとその文化により近づこうと努力した。これもまた貴重な経験であった。家族や友人たちと遠く離れ、東京のような国際都市ではなく地方の街で暮らす。この生活にも次第に慣れていった。自宅からスタジアムまで、車で40分の道のりでは、広告の看板だけを目印にしていたので、もし看板が変わったら自分は絶対に道に迷ってしまうと冷や冷やしたものだ。もちろん、後になって別の広告看板が立てられたが、もうその時には道順をすっかり覚えていた。

料亭で行われた最初の記者会見も忘れられない。椅子もソファーもなく、皆で正座して行ったのである。自分にとってはどんなトレーニングよりもハードで、10分経っただけでもう死んでしまうかと思ったほどである。耐えられず、私は5分おきに立ち上がって席を外したものだから、どこか具合が悪いのかと思われたのではないだろうか。

日本人の時間厳守、厳格さや規律の精神を発見したのもこの時だ。電車は必ず時刻通りに到着するし、カクテルパーティーなども、招待状に書かれている時間内に必ず終了する。これは良い意味でのカルチャーショックと言えるだろう。そして、人々のこのうえない誠実さ、繊細さに触れ、モナコでのあの辛い数年間を過ごしてきた身としては、夢のようなライフスタイルを送ることができた。

日本文化の中で私がほかに発見したものの中に、私自身とサッカー、プレー、勝利との関わりにおいて非常に意義深いものがある。それは相撲である。相撲は古くから伝わるスポーツで、しきたりやルールは遠い昔からほとんど変わっていない。相撲の中継を私もよく観戦して、多くのことを学んだ。

相撲は敬意を最高の価値として非常に重んじている。1年間に6場所が開かれ、横綱になるには2場所連続優勝などの条件がある。だが優勝した後には横綱審議委員会の審査にかけられ、その振る舞いが申し分ないかどうかも判断されるのである。つまり、大会での成績は重要だが、それだけでは不十分なのである。優勝し、さらに横綱として相応しい品格が求められるわけだ。

そのことは私の中にずっと残っており、サッカーにおいてもそれは非常に大事なことだと私は思う。

試合を引き分けで終わらせないというこだわりも、相撲とそのしきたりから来るのではなかろうか。試合は勝つか負けるか二つに一つ。今は規定が変わったが、当時のJリーグでは制限時間内に引き分けだった場合、延長戦やPK戦で必ず勝敗を決めていた。そんなことからも選手たちがいかに熱や力を込めて戦っていたかがわかるのである。

日本に救われる

日本で過ごした1年半は、家族やフランスリーグのプレッシャー、欧州のサッカー界に蔓延《まんえん》していた一種の残忍さや暴力的なムードとはまったく縁のない時間だった。監督としては、モナコやナンシーで熱心に指導していた自分と格別変わったわけではなかったが、この頃は純粋に試合のために生き、それだけに集中できた。何が何でも好成績を残さねばならないというプレッシャーから解放され、子供の頃のような、純粋に試合を楽しむ興奮を再び取り戻したような気がした。

マスコミのことも気にすることはなく、自分がどんな風に言われているのか何も知らなかった。恨み言や不正疑惑の話題などに毒されることもなかった。この仕事の本質と再び向き合えるようになったのだ。絶えず聞かされるコメントやアドバイス、称賛、批判そういったすべてのことから切り離され、私は自由だと感じていた。

アーセナルへ渡ったばかりの時、大きなプレッシャーにすぐさま押しつぶされることはないだろう、自分はサッカーに関わる人々の声に以前ほど一喜一憂することはないだろうと感じていた。もちろん、あっという間にそうした荒波にもまれることになったのだが、そんな濃密で心理的にもハードな時、日本で経験した穏やかさ、一種の心の平和が私にとってどれだけ救いになっただろう。

グランパスの成果と小倉の負傷

グランパスは14位からあっという間に4位に上昇した！　劇的な巻き返しだ。それがチームの団結をさらに強くし、それぞれの選手に自信を与えた。シーズンの後半でもその好調ぶりを維持し2位にまでこぎつけた。こうして1996年元日の天皇杯、その後のスーパーカップを獲得するに至った。1996年の10月になって私がクラブを去る時、チームはリーグ制覇を狙える場所にいたが、接戦の末に2位で終わってしまった。

興奮の渦のスタジアム、そして満員の客席に包まれ、みんながプレーの喜びやプレーの純粋な姿を取り戻したこと、それは本当に忘れられない思い出だ。すべてが一体となって熱気を帯びたかと思えば、水を打ったような静けさもあり、時には、試合に負けて涙をこぼすばかりのサポーターたちの姿、そしてどの試合でも、選手もサポーターたちもすっかり熱気を帯びて、まるでチャンピオンズリーグを戦っているような錯覚さえ覚えた。スタジアムは超満員で空席を見つけるのが困難なくらいだった。

そんな最高のシーズンで唯一残念だったのがフォワードの名手、小倉の負傷であった。彼はシーズンオフ中に代表チームに参加し、そこで後十字靭帯を断裂させてしまったのである。その時私はニースにいて、彼の手術の話を聞き、とても難しい状況だと直感した。後に彼は復帰したが、全盛期のレベルを取り戻すことはなかった。彼はもっとふさわしいキャリアを積むことができたはずなのに、残念である。

選手の負傷はこの世界にとかくついて回る大きな悩みの種だ。負傷した選手には最高の治療と、腕の良い外科医による手術を受けさせ、レベルの高い選手を不十分な治療で失わないよう努めなければならない。

次の旅へ

1996年6月、ディヴィッド・デイン、ピーター・ヒル＝ウッド、そしてダニー・フィズマンが私に会いに名古屋へやってきた。お互いに旧知の仲である。私はヨーロッパに戻る意思を固めていたが、そのための唯一の条件は強豪クラブを指導することだった。自分にとってさらに大きな挑戦でなければならなかった。アーセナルはその条件にぴったりで、わずか1時間で話はまとまり、すぐにでもアーセナル入りすることもできたが、シーズン真っ最中にグランパスを監督不在の状態で放り出すことはできなかった。

グランパスの役員たちは次の監督を探し始めたが、急いでいるようでどこかのんびりとしていた。私を引き留めるために常套《じょうとう》的な手段は使わず、びっくりするような説得をしてきた。私たちは日本を世界一のサッカー大国にしたい。それがたとえ百年後になっても、と。私はその計画の一部をなす歯車に組み込まれていたのである！　これもまた、日本人の時間に対する概念、粘り強さ、意志の強さをよく物語っていると思う。

しかし、私はもう決意していた。アーセナルへ行く。これは私の人生を変える大きな決断だった。ただ、その冒険が22年も続くとは、その時はまったく思いもよらなかった。

ARSÈNAL
EN CINQ ANS, ARSÈNE WENGER A PROPULSÉ LE CLUB LONDONIEN AU TOP EUROPÉEN

2001年４月14日付の「レキップ・マガジン」誌表紙

L'ÉQUIPE

MERCREDI 24 FÉVRIER 1999 LE QUOTIDIEN DU SPORT ET DE L'AUTOMOBILE ★ 53e ANNÉE – N° 16 423 – 4,90 F

UN MATCH POUR L'EXEMPLE

Plus que la qualification d'Arsenal (2-1) contre Sheffield, il faut surtout retenir le déroulement de ce match rejoué après une intervention d'Arsène Wenger, qui n'avait pas supporté de voir son équipe s'imposer sur un coup douteux. Un comportement à méditer et à suivre.
(Page 3)

「試合の在り方を問う一戦」（1999年２月24日付「レキップ」紙第１面）。見出しは FA カップでのシェフィールドとの再試合について触れられている

バッキンガム宮殿にてエリザベス女王に謁見。私の両脇にはピーター・ヒル＝ウッドとケン・フライアーが

エミレーツスタジアムの建設現場と完成後のピッチに立つ

（上）2014年、ウェンブリーにてFAカップ優勝を決めた直後。バカリー・サニャ、オリヴィエ・ジルー、ペア・メルテザッカー、トーマス・フェルメーレン、マチュー・フラミニらの顔が見える

（下）2017年、チェルシーを下してFAカップ優勝を決める

2017年、FA カップ優勝をファンと祝う

別れの時

「ありがとう、アーセン　こっちも寂しくなるよ」

PART 6

アーセナル

あこがれのイングランド

私は昔からイングランドという土地に惹かれ、イングランドのサッカーを熱烈に愛してきた。1996年10月1日にアーセナルの監督に就任し、私の人生は一変した。アーセナルは私の情熱そのものとなり、寝ても覚めてもアーセナルのことばかり考え、私の持つすべてのエネルギーがアーセナルに注がれた。住まいはロンドンだったが、私には練習場とスタジアムしか目に入らなかった。

アーセナルの監督に就任したことのインパクト、このクラブがいかに私にとって重要なものか、いかに大きな人生の転機となったかということを説明するには、はるか昔に遡らねばならない。私がロンドンに住み、このクラブのために生き、全力を注ぐことをあたかも運命づけられていたような錯覚さえ覚える、ある出来事を。

アルザスの小さな村で過ごした少年時代、私はすでにサッカーの虜だった。

学校や村のカフェ、そして自宅のテレビで、伝説のウェンブリースタジアムで行われていたカップ戦の決勝戦を見たものである。白黒テレビの画面越しではあったが、美しくきれいに刈られ、すっかり手入れの行き届いたピッチの上をボールが転がり、その白い色が鮮やかに映えていた。村の競技場ではまだ馬を使って大まかに草を刈り、それから芝刈り機で整えていた頃だ。それは鮮明な思い出で、自分にとってのサッカーの理想像はここからきている。

子供の頃、いつかこのピッチの上でプレーするぞと心に決め、その決意を他人に漏らすことなどなかったのは当然だが、自分自身でさえもそれは途方もないことだと感じていたのだろう。イングランド、ウェンブリー、それはまるでどこか他の星か、別世界の話のように思えた。

アーセナルに来て2年後、選手たちを連れて初めてウェンブリーのピッチに立った時の私の感動を想像してほしい。心の底ではこれが現実だとは信じられない気持ちであった。私の夢と、サッカーについて私が抱いていた理想の姿が突然目の前に現れたのである。感銘、サポーターの熱狂、完璧に手入れの行き届いた芝、選手たちの間にある心地よい緊張感、白いボール、すべてがこの上なく輝かしく息づいていたのである。

私はここでFAカップの決勝戦に8回臨み、そのうち7回勝利を挙げ、スーパーカップの決勝戦は9回臨んで7回勝利を挙げた。どの試合でも深い感動と、かつて白黒のテレビを見ていて圧倒された少年の時と同じ興奮があった。

ケンブリッジ

29歳の時のケンブリッジ滞在もまた決定的な役割を果たした。
イングランドのその小さな町で過ごした3週間がなかったら、私はアーセナルの監督にはなっていなかっただろう。せっかくの休暇をそんな風に過ごす義務などまったくなかったのだが、私はどうしても英語をしゃべれるようになりたかった。これからは英語が絶対に重要になると感じていたし、数か国語を操れずして人生を送ることなど何より想像できなかった。その決意が私の人生を変えた。

ある友人の女性からの「ケンブリッジに行ってみたらいいわ。あそこだとしっかり勉強できるから」という一言で、私はすぐに飛行機と汽車を乗り継いでケンブリッジにやってきたが、どこに住むか、どこの学校に通うかはまったく決めていなかった。なので、まずは部屋を貸してくれそうな家を一軒一軒まわっていった。そうして、運よくある女性が部屋を貸してくれることになり、彼女はとある語学学校も勧めてくれて、そこならば明日にでも能力テストを受けられる、と教えてくれた。翌日、私はテストを受けて中級のクラスに入り、若者だらけの教室で先生を待っていると、現れたのは何と、部屋を貸してくれた女性だったのである。

彼女はまさに、ケンブリッジ滞在中の私にとって幸運の女神だった。私は一生懸命勉強に励んだ。英語に慣れ親しみ、できる限り高いレベルにまで達したいと思っていた。それに、あの大家兼先生にも、私のことを誇りに思ってほしかった。

ストラスブールに戻ってからも、あんなに懸命に勉強した英語を忘れるわけにはいかないと、英語の本を読み、わからない単語はすべて書き出して辞書で調べ、独学で数年間勉強を続けた。読んだ本は小説、研究書、科学書、マネージメント関連と多岐にわたり。これが後にとても役に立った。

イングランドで育った私の娘は、小学校は現地校、それからフランス系のインターナショナルスクールに通い、大学はケンブリッジで勉強を続け、神経科学の博士課程を終えたところである。なので、娘に会いによくケンブリッジまで足を運んだ。

その際、私に快く部屋を貸してくれたあの親切な女性の家をもう一度訪ねてみたいと探し回ったのだが、記憶があやふやで結局見つけられずじまいである。そんな彼女も私の人生を変えた一人だ。

ディヴィッド・デイン

私をアーセナルへと導いてくれたのはディヴィッド・デインであった。仕立屋の一家に生まれたデインは、砂糖とコーヒーの売買で富を築き、私が彼に初めて会った1989年当時にはアーセナルの副会長で、クラブの主要株主であり、何よりもアーセナルを愛していた。彼はイングランドサッカー協会（FA）の副会長も務め、プレミアリーグを創設した5人のうちの一人だった。

彼と初めて会う数日前、私はフランスリーグのクリスマス休暇を利用し、モナコが近々対戦するガラタサライの試合を観戦しようとトルコへと向かった。試合は大晦日にコンヤという町で開かれ、その晩はアンカラに泊まることにした。

それからまっすぐニースに帰ることもできたのだが、休暇が明けるにはまだ日数があったので、イングランドに寄って試合を見ようと思い立った。そこで私はグレン・ホドルの代理人に電話をかけ、何か面白そうな試合のチケットを取ってくれるよう頼み、年明け早々の元旦に私はロンドンへ向かった。

それがハイバリーで最初に観戦した試合であった。アーセナルはこの試合で白星を飾ったが、この日の試合で私の心に一番強く残っているのは彼らが挙げたゴールではない。

当時のアーセナルは非常に古風なクラブで、女性と招待客はクラブの役員らとは離れた別の席を用意されていた。ハーフタイムに入って一服しようとした時、デインの奥さんと親しいある女性が火を貸してくれた。それがきっかけで私たちは軽いおしゃべりを始めたのである。

タバコとケンブリッジで学んだまずまずの英語力のおかげで話は弾み、私はその日の晩にデインの家に招待されることになった。デインはさっそく「さあ、サッカーの話をしようじゃないですか」と切り出した。この一夜は笑い声や一種のジェスチャーゲームのような会話が飛び交い、とても和気あいあいとしたものだった。私の英語力もなかなか捨てたものではなかった！　そう言ってもよいと思う。

デインとの友情、同士としての結びつきはこの晩から、そして以後顔を合わせるたびに深くなってゆく。

彼はアンチーブの港に「Take it easy〈気楽に行こう〉」と名づけた船を1艘所有していて（もっ

とも、彼はその船にかかった巨額の費用により、自嘲的に「Take it please〈どうか引き取ってください〉」と名前を変えたほうがよさそうだな、と笑い飛ばしていた）、彼がコートダジュールに来た際にはいつも楽しい時間を共に過ごした。

彼はまた、モナコのルイ2世スタジアムに試合を見に来たことも何度かあった。彼は好奇心旺盛で、私と同じサッカー狂いだった。彼はモナコの繰り広げるサッカーがアーセナルのサッカーとまったく異なるものであるのが不思議でたまらず、こうしたサッカーがイングランドに輸入できるかどうか考えていた。

私たち二人は、プレーのこと、試合のこと、スポーツ界全体、そして自分たちの仕事であるサッカー界が遂げている進化についてなら、何時間でも話し続けることができた。

当時のイングランドサッカー界はテレビ局から一切の報酬を得ておらず、それが優れた選手たちの国外流出に拍車をかけていた。モナコのグレン・ホドルもそんな一人であった。イングランドのサッカーは非常にダイレクトで飾り気がなく、とことんプレーに集中し、チームのメンバーもほぼイングランド出身の選手で占められ、非常にローカル色の強いものだった。それはまた、非常に様式化され、長い伝統を継承するスタイルでもあった。

クラブを所有していたのは財を成したイングランドの実業家や、父から息子へと受け継いできた昔からの一家で、彼らは伝統と美しくフェアなプレーの精神を大事にしていた。デインとアーセナルのおかげで、私はそうした慣習や伝統的な様式、熱心なサポーター、そして、外国人監督が一人もおらず、まだ金銭的に恵まれていなかったクラブや選手といったものを知ることになる。

無名の私を招く勇気

1994年、私は7年過ごしたモナコを離れることになった。アーセナルは当時、クラブの形成とチームづくりに大きく貢献したジョージ・グラハムと袂《たもと》を分かったばかりであった。いかなる理由で彼が解雇されたのかは私にはわからない。その時にデインから、祖父のサミュエル、父のデニスに続いて1982年から会長を務めているピーター・ヒル＝ウッドに会ってほしいと頼まれた。

私たちは共に夕食を取り、それから私は名古屋へと飛んだ。二人はおそらく何らかの地盤固めをするつもりだったと思うのだが、当時はまだ、外国人に監督を任せることに及び腰だった。

グラハムの後任としてブルース・リオクに白羽の矢が立ったのだが、後継はうまくゆかず、チームはリーグの中間位でくすぶっていた。そして1996年6月、ヒル＝ウッドとデイン、そしてクラブ理事で主要株主の一人であるダニー・フィズマンが私に会いに日本へとやってきた。彼らは私を監督にしたいという強い意志を明らかにし、ほんの1時間で私も合意した。この1時間が私の運命を決めた。

その大きなチャレンジが自分にとってどんな意味を持つものか、自覚はあっただろうか？

アーセナルは私にすべてをもたらし、私自身も自分の時間、全エネルギー、すべての情熱を22年にわたってクラブに捧げることになった。つまるところアーセナルは私の情熱そのものだった。また、後から振り返ればストラスブールからグランパスに至るまで、私が過ごしてきた時間は、ある意味この挑戦を受けて立つための助走だった。そしてアーセナルでこそ私はサッカーマネージメントのビジョンを実践することとなり、何よりもクラブの発展に継続的に貢献することになった。

しかし、アーセナル行きを決めた当時の私には、そこまでの自覚はなかったと思う。

イングランドでは新しいシーズンがすでに始まっていたが、私は監督の契約を最後まで貫くべく、まだ日本にいた。私が来るまでの間は、後に助監督となる、かつてアーセナルの選手だったパット・ライスがトレーニングを担当した。選手の獲得については、日本にいた時からすでに私の方で準備を始めていて、レミ・ガルドとパトリック・ヴィエラの二人をチームに加入させた。二人ともスタメンではなかったが、私が監督に正式就任する前からアーセナルでのシーズンをスタートさせていた。私は毎週のようにこの二人、そしてライスとデインと電話で話し、すべての試合のビデオを送ってもらった。時差があったせいか、ずっと働き続けているような錯覚に陥り、それはアーセナルに来てから昼夜を問わず準備に明け暮れた毎日と変わることはなかった。

日本にいながらも、私はアーセナルで着手する作業に集中し、自分がやるべきこと、自分が証明してみせるべきこと、チームに定着させるべきこと、そして提示すべきことを明確に捉えていた。

クラブの役員らは、私にクラブ改革の全権を委任することに吝《やぶさ》かではなかった。

だが彼らは、私が他の監督たちとは違う考えの持ち主であることを知っていたし、まったく無名で、しかも日本のクラブから引き抜いた外国人監督の到来に、世間は動揺して懐疑的となり、激しい反発を呼ぶ恐れがあることを誰よりも心得ていたはずだ。そういう意味では、私よりも彼らの方が勇気ある決断をしたと言える。

私はと言えば、あまり歓迎はされないだろうと思っていたが、新しい監督が来る時というのは大体そんなものだし、良い結果を出し、自らのポリシーに従って徐々に自分の居場所を作ってゆくのもこの仕事の一部であると理解していた。懐疑的な見方に対しては、私の信念、理想、チームへスムーズに適応し最大限の長所を導き出す力、そういったもので何とか打ち勝つことが可能である。だが、敵意は私の想像をはるかに超えたもので、クラブの役員らは私と同じくそれに対峙することを強いられた。

日本を離れてアーセナルへ向かうことで、世界が変わり、クラブが変わり、文化が変わった。当初はホテルで暮らし、実力は確かだが私に懐疑的な選手と直面し、ひどい噂に悩まされ、地雷にあふれた戦場を駆け抜ける日々が始まった。今振り返ると、そうした経験には意義があったと思う。私のパワーの源はサッカーへの情熱と、ある種のお気楽な無自覚だった。その無自覚があったからこそ、私は次の試合や選手たちにのみ集中できたのだった。その頃からすでに「自分のクラブ」と感じていたアーセナルにとってもそれは幸いしたはずだ。

選手、クラブ、サポーター

日本での準備期間、そしてアーセナルでトレーニングを開始してすぐの時期から、私は選手たちに敬意を抱いていた。ジョージ・グラハムによって育てられた選手たちが多数を占めていた当時のメンバーは頭が切れ、経験が豊富で、練習にも懸命に取り組み、全力を尽くすことを惜しまなかった。

この世代の選手たちは、とりわけ大金を稼いだわけでなく、一つのクラブでキャリアを全うし、いったん契約にサインすればそれからはチーム一筋。慎ましい家庭に生まれ、根気と誇りにあふれ、クラブの伝統について造詣が深く、クラブに対して大いに敬意を払っていた。

彼らは一丸となって戦い、自由時間に外出する時も一緒だった。食生活の管理などのいわゆる「目に見えないトレーニング」の原則には必ずしも従っていなかったが、彼らが非常に団結していたのはよくわかった。それはディヴィッド・シーマン、トニー・アダムス、レイ・パーラー、ポール・マーソン、マーティン・キーオン、ナイジェル・ウィンターバーン、スティーヴ・ボールド、リー・ディクソンといった面々である。

私はまた、世代を超えて伝えられる、クラブの持つその強烈なアイデンティティー、そしてアーセナルの歴史における重要な出来事も徐々に知り始めた。

クラブで最初のチームが産声を上げたのが1886年で、メンバーはウールウィッチにあるロイヤル・アーセナル武器製造所で働く作業員たちによって構成されていた。クラブは１９１０年に実業家のヘンリー・ノリスとウィリアム・ホールによって買収され、１９１３年にロンドン北部にあるハイバリーに本拠地を移した。

この歴史ある場所で多くの人々がその名を刻んだ。中でも、１９３１年に初めてのタイトルをもたらしたハーバート・チャップマン監督はその最たるものだ。私はアーセナルに来て初めて彼の歩み、その斬新なテクニック、理学療法の活用、テクニカルスタッフ部門についての彼の考え、背番号をつけたユニフォームや、より現代的なスパイクを導入したことを知った。彼はまた、地下鉄の駅名にもアーセナルの名前を冠した。彼のそんな熱意は素晴らしいと思った。

クラブで働く人々はみな彼の生き様や生涯についてのみならず、その財政面でのいざこざによる早すぎた退陣劇に至るまで、本当によく知っていた。

アーセナルのアイデンティティーやどんな人々がサポーターなのかということも、次第に理解するようになった。ここは非常に伝統を重んじるクラブであり、気品ある振る舞いが最も大事とされる一方で、新しいものを受け入れる懐の深さもある。

クラブは、下町風で非常に活発な人々から成り立つこの地区の社会生活にしっかりと根づいていて、サポーターもそんな価値観を共にしていた。こうして物心つく前から、あるいは小さい頃からクラブとチームに愛着を抱くわけだが、これほどの強い愛着というのは他では絶対に見かけられない。

サポーター一人一人にとって、ハイバリーで最初に見る試合というのは一種の儀式のようなものだったし、サポーターたちに許されていたタトゥーはクラブの名前と自分の子供の名前の二つだけ。アーセナルのサポーターとトッテナムのサポーターから成るカップルは、週末になると互いに言葉を交わしもしなかった。

私が覚えている小話で、地下鉄で投身自殺しようとした人を救ったアーセナルサポーターの話がある。自分の命を危険にさらし、英雄らしい振る舞いを見せた彼は、その男を救うとすぐさま地下鉄に飛び乗った。試合がすでに始まっていて、これ以上遅れてしまいたくなかったからである。アーセナルサポーターの心意気を物語る話ではないか。

「退屈アーセナル」

監督就任が決まって最初に立ち会ったアーセナルの試合は、1996年9月24日、ドイツのボルシア・パルクスタジアムで行われたメンヒェングラートバッハ戦であった。この時はまだ正式に就任していなかったので、私はデインと共に客席で試合を見守った。前半が終了してアーセナルはリードされていた。そこで私は席を立って控え室へと向かった。パット・ライスから選手たちに何か言ってほしいと頼まれたので、私はディフェンスの構成を変えるべきで、キャプテンだったトニー・アダムスを下げようと言った。チームはこれに戸惑い、不安定になった。そして、試合には負けた。最初のコンタクトとしてはもっといいやり方があったと思うのだが、チームが一体となって大胆なチャレンジを試みるという考えに、私はすっかり興奮していたのだ。

アーセナルは当時、プレミアリーグで「退屈アーセナル」という有り難くない評価を受けていた。というのは、プレーがスローで結果第一主義、つまり、まず得点を取りに行き、ゴールを決めたら後は鉄のディフェンスですっかり守りに入るからというのが理由だったらしい。それはあまりにも極端な見方だと私も思ったが、何はともあれチームのプレースタイルを変えて、より安定したテクニックに裏打ちされた構築的なプレーを提案しようと考えていた。

私が就任した時のアーセナルは、リーグで中間あたりの順位をさまよい、マンチェスター、ニューカッスル、リヴァプールが圧倒的な強さを誇っていた。私は日本にいた時からアーセナルの試合を数多く見てきて、先のドイツで見た試合も参考にした。私にはチームの持つ長所や、チームをどう組織立てるか、どのようにしてそのレベルを引き上げるかといった方針が見え始めていた。同時にチームが非常に一致団結していることもよくわかっていたので、私に楯突く際にも一致団結されるようなことがあってはならないと思っていた。

マース（チョコレートバー）

ほんの3週間後、私はもう客席ではなく、ベンチで試合を追う立場になった。1996年10月12日、監督としての初試合、ブラックバーン・ローヴァーズ戦が行われた。

アーセナルはイアン・ライトが2得点を挙げ、見事に白星を飾ったのだが、スタジアムに行く途中、選手たちは「マース（訳注：スニッカーズに似たチョコレートバー）を食わせろ」と大合唱していた。

私はすでに自分の考えをトレーニングに取り入れ始め、とりわけ食事制限は徹底していた。トレーニングのメソッドはもちろんだが、より規則正しいトレーニングスケジュール、メンバー全員そろっての食事、栄養管理、そして筋肉トレーニングといった事柄も選手たちにとっては大きな変化であった。

とにかくコツコツと、自分の信念をあきらめることなく、心理面での理解と如才なさを発揮しつつ、徐々にチームを手なずけながら進んでいくべきだと感じていた。また、隙あらば私の出鼻をくじこうと狙われていたこともよくわかっていた。

マスコミが掲げた「アーセン、誰？」という見出しが表していたように、私がチームに何をもたらすことができるのか、私がどれだけ価値のある監督なのか、人々がそんな疑問を抱くことも至極当然だった。

そのため、この初試合での白星は私にとって非常に重要な意味があった。この勝利のおかげで自分のビジョンをただちに植えつけ、監督としての私の正当性を強固にしていくことができたからである。

ベテラン勢

当時のチームは30代の選手が中心で、皆忍耐強かったが、長いキャリアの中ですでに多くの力を出し尽くしてきていたので、トレーニングもそうした面を考慮してすり合わせねばならなかった。彼らは競争心にあふれ、勝利へのこだわりが強かった。彼らの膝と足首のレントゲン写真を撮ったところ、一部の選手に関してはもうずっと前にプレーをやめていてもおかしくないことが明らかになった。それでも彼らは構わず、懸命にプレーを続けたいと望んでいたので、彼らの力を向上させるためには、その競争にかける熱意をうまく利用する必要があった。

彼らは自分自身の信念や嗅覚に従ったプレーを繰り広げ、欠点を補おうと必死だった。トレーニングよりも競争自体を好んでいたと言えるだろう。そこで私はあの手この手で彼らの気を引くようなトレーニングメニューを立て、ここで踏ん張ればまだキャリアを続けることができることを示そうと試みた。

そのためにはまず、彼らが続けてきたいくつかの悪習慣を断ち切らせる必要があった。この点では、時代の流れも私にとって追い風となった。というのは、クラブでは飲酒がとても盛んだったのだが、1990年代、2000年代にはイングランドの社会全体が変わろうとしていた。より健康的な社会を目指す気運が高まり、その大きな変化をクラブ内でも受け入れる必要があると誰もがはっきりと自覚していた。

トニー・アダムスはチームの伝説的リーダーで、当時の彼は飲酒の習慣を断とうとしていた。その挑戦を注意して見守る必要があった。チームに対してはもちろん、時には対戦相手に対しても圧倒的な存在感を見せていたアダムスは、守備面のプレーに関して驚くべき理解力があり、自信と大きな不安を共に抱えつつ、常に先を読み、知性があり、闘争心にあふれていた。ディクソン、ウィンターバーン、ボールド、キーオンといった彼のディフェンスのパートナーたちもまた類まれなる選手だった。

アダムスは身体をかなり酷使してきたせいか、トレーニングをあまり好まなかった。あたかも役者がリハーサルをせずに舞台に立つかのように、ろくにトレーニングもせずに試合に出られるのかと私には疑問だらけだったが、いざ試合となると彼はその存在感を十分に発揮した。私は南フランスにいるチブルス・ダルーのもとへ何度も彼を送り、そこで静養とフィジカルトレーニングを実施させた。

そのほかの顔ぶれでは、巨人ことディヴィッド・シーマンがいた。気品があり、チームメイトの誰からも愛された伝説的GKで、GKコーチのボブ・ウィルソンを師と仰いでいた。シーマンはその巨体にもかかわらず、自分の体を思いのままに使いこなせた。

クラブのナンバーワンアイドル、デニス・ベルカンプは完璧主義者で、ほんの些細な動きでもおろそかにするところを私は見たことがない。彼は私が就任する1年前、インテル・ミラノから移籍してきた。最初のシーズンは壁にぶつかっていたようだが、私は彼が優れた選手だということをわかっていたので、とにかく彼にボールを回し、ゲームの主導権を握らせることで本来の実力を発揮させせることができると信じていた。素早い観察力と咄嗟《とっさ》の判断力を持ち合わせていたベルカンプは、完璧さと優雅さをもってその役割をきちんと果たしてくれた。

イアン・ライトも忘れてはならない。驚異的なストライカーで、チームメイトからは手のつけられない奴と思われることも時にはあったが、それは対戦相手の方がより強く感じていたに違いない。

ヴィエラ、プティ

こういった、知性も確かな実力もあるベテラン勢と一緒に、新しい選手や若い選手をプレーさせたい。これが日本にいた時から温めていた計画だった。チームにうまく溶け込み、プレミアリーグの激しさにもちこたえられる選手、そう考えてまずはパトリック・ヴィエラとレミ・ガルド、そして次の年にはエマニュエル・プティとジル・グリマンディを獲得していった。

ヴィエラはアヤックスとの契約が決まる瀬戸際で、彼の代理人であるマルク・ロジェとジャン＝フランソワ・ラリオスを必死に説得して何とかACミランから獲得することができた。モナコで監督を務めていた頃、カンヌでプレーしていたヴィエラの姿は実に印象的だった。ミランは彼を放出する意向で、ヴィエラはアーセナルに賭けてくれた。

彼はイングランドではまったくの無名だったにもかかわらず、最初の試合からその才能を余すところなく見せつけた。彼の実力に異を唱える者は一人もおらず、それがひいては私への信用へとつながり、私の目指していたチーム再建作業を円滑に進めさせてくれたのであった。

彼とエマニュエル・プティの息の合ったコンビは、アーセナルサポーターの記憶に長く刻まれることとなる。アーセナルは彼らを世に送り出し、その人生を一変させたと言えるだろう。何しろ、二人はそろってフランス代表に選ばれ、同じポジションで活躍し、その大きな才能を世に知らしめたのだから。プティに関しては1998年のワールドカップ決勝戦でも終始大活躍だった。

レミ・ガルドは、リヨン、ストラスブールでキャリアを積み重ねているのを見て、非常に優れた選手だと思っていた。度重なる負傷に悩まされ、アーセナルに加入してからも残念なことに負傷したがその俊足は健在で、一対一の場面に強く、チームに良い影響をもたらしてくれた。

エマニュエル・プティとトニー・アダムスは非常にウマが合った。性格的に相通じるものがあり、競争心旺盛でテクニックも申し分のない二人は、彼らの持つ実力以上のパワーを発揮することができた。

印象深い選手たち

私がアーセナルで監督を務めた間、たくさんの選手たちがクラブに加わり、それぞれ大きな足跡を残していった。

中でも印象深いのは次の選手たちだ。

ディフェンス突破の達人で、とにかく勝つことを第一に考えるフレディー・ユングベリ。

静けさの中に大きなパワーを秘め、その気品と謙虚さをもってチームのために尽くしてくれたジウベルト・シウヴァ。

ロシアから来た独創的な天才ドリブラー、アンドレイ・アルシャヴィン。

17歳でチームに加入し、18歳の時に大けがを負ってしばらくの間はプレーから遠ざかっていたが、そのエネルギーとクリエイティブな力により、アーセナルで素晴らしいキャリアを積んでいったアーロン・ラムジー。

妥協を許さぬ手ごわいディフェンダーであり、ここぞという時にはゴールも決めるウィリアム・ガラス。

手に負えないほどのガッツあふれるディフェンダーであり、後にチームのキーパーソンとなっていったバカリー・サニャ。

アヤックスから移籍してきたセンターバックのトーマス・フェルメーレン。後にバルセロナへと新天地を求めて旅立った彼は、普段の態度も非の打ちどころがなく、アーセナルではキャプテンも務めた。

すべてを備えたフォワードで、クラブでの将来を有望視されていたセルジュ・ニャブリ。だが、あまり「フェア」とは言えない状況の中、彼はバイエルンとの契約にサインした。

ゴールを求めて走り出す時の感覚に優れた、まるで時限爆弾のような選手だったセオ・ウォルコット。だが、度重なる負傷で実力アップに支障をきたしたのが残念でならない。チームの魂、ペア・メルテザッカーはサッカーの面以外でも精神的支柱であり、絶えず成長を続けている。

非常に有能なキーパーであるが、時にその繊細な心がハンディキャップともなったウカシュ・ファビアンスキ。

ASカンヌから呼び寄せた左サイドバック、ガエル・クリシー。その真面目な姿勢のおかげで、常に成長を遂げてきた。

クラブの養成所出身の左サイドバック、キーラン・ギブス。非常に有能でスピードがあり、テクニックも申し分ないが、自信が持てずに悩むこともあった。

インターセプトに長けた守備的ミッドフィルダーのフランシス・コクラン。そのキャリアを通じてテクニック面で大きく成長していくことになる。

アーセナルのユースで成長した若きGK、ヴォイチェス・シュチェスニー。才能に恵まれ、最近では円熟味を増しつつある。

リールから獲得した左センターバックのパスカル・シガンはアーセナルで素晴らしいキャリアを積んだ。

スイス出身のセンターバック、フィリップ・センデロス。模範的な態度で、2006年のチャンピオンズリーグでの快進撃の立役者の一人だ。

ナイジェリアの天才的プレーヤー、ヌワンコ・カヌはその独創性、テクニック、勇敢さを誰もが称賛した。

ストイックな生活

休む間もなくアーセナルでの任務に取りかかり始めるや否や、チームはどういった点を改良すべきかと私は考えをめぐらせた。クラブのことだけを絶えず考えて時間を過ごす、まるで修道僧のようなストイックな生活。情熱と覚悟の22年はこうして始まったのだ。

アルザスで選手としてデビューしてから、情報収集、実地での経験、様々な教訓と、私は次から次へと吸収して成長してきた。敗北をできる限り冷静に受け止めること、試合に勝つこと、選手やチームに関し最良の選択をし、成長させ、彼ら独自のスタイルを作らせること、タイトルを獲ること、クラブを去ること……、私は一歩一歩確実に歩み、学んできた。

その情熱と大きな喜びの裏側で、常に多大な努力を払い続けたし、時には辛くてどうしようもない苦悩や孤独もつきまとった。だが、どんな分野で成功するにも苦悩はつきものであり、努力を重ねようという強い意志が求められる。

今日では、単なる勝ち負けや、またちょっとしたコメントばかりがクローズアップされるが、毎度の試合のために行うべき作業がどれほど膨大であるか、人々は見落としがちである。アーセナルのためならば私はどんな大きな代償でも払う覚悟だったし、それが本当だったことは、この22年間が物語っている。

私はサッカーに身を捧げたいと思った。イングランドに来た47歳当時、私はすでにかなり円熟し、困難を前にしても自信を失わない強さを身につけていた。以前よりも節度が増し、冷静になったと感じていた。自分が非常に難しい選択を迫られ、大きなチャレンジと試練に立ち向かうことになるのは十分に承知していた。だが、私はモナコや日本にいた頃よりもずっと屈強になっていた。そんなあらゆることに立ち向かう心構えはすっかりできていた。

虚報

もちろん、私が監督に指名されたことに対する慎重な意見も十分に理解していた。「アーセン、誰？」というマスコミの見出しも、選手たちやサポーターの口から出る疑問の声も、私にはごく当然なことに思えた。だから私は自分の仕事ぶり、熱心さ、そして信念をもってその答えを出そうとした。それでも、単純な敵対心、嘘の報道、口汚い言いがかり、誹謗中傷、いやがらせ、そうした事柄に対しては、自分では手の施しようがなく、嵐が自然に過ぎ去るのを待つことしかできなかった。

後で聞いた話では、すべてはトッテナムのサポーターであるラジオパーソナリティーの口から出たものだったようだ。私がいかがわしい場所に通っているところを目撃しただの、証拠となる写真があるという話まで聞かされた。あきれ果てた私は、その写真とやらを見せるよう要求した。

当時私はまだホテル住まいで、恋人のアニーは南フランスに残っていた。ある日、朝食を取りに食堂へ行くと、私の周囲には誰も近寄らず、冷たい視線を感じた。

ジャーナリストにも客観的な目を持った立派な者もいれば、その名を挙げることさえ馬鹿馬鹿しいと思うようなタイプの者もいる。中には私の家族、元チームメイト、かつて指揮していたチームの選手にまで取材を行い、最もひどい者になると、アニーが住む町まで赴き、彼女が留守にした隙を見計らい、当時まだ12歳だった彼女の息子を捕まえ、義理の父親として私が彼にどう接しているか、どんなタイプの義父かということまで聞き出そうとした者がいた。

これはさすがに許せないと思った。この世界は狂っているのかと頭を抱えた。証拠や真実を探そうともせず、ただ一人の人間を辱《はずかし》めるために、それがどんな影響を及ぼすのかまったく気にも留めず、こんな嘘八百が活字になるとはと私は怒り心頭だった。だが、それは往々にして人前に出る人間の運命でもある。

ジャーナリストたちの暴走はそれで終わりではなかった。私がいったんアルザスに立ち寄った際には、「ヴェンゲル辞職し故郷に戻る」とまで書かれたのである。ロンドンに戻ってタクシーを捕まえ、クラブ本部に行くよう頼むと、運転手は怪訝《けげん》そうな顔で私を見た。本部に着くと、プレス担当者が困惑した面持ちで「どうして辞職されたことを教えてくれなかったんですか?」と尋ねてきた。私は呆気にとられた。そこで、急遽ハイバリーの入り口階段で記者会見を行うことになり、自分は決して怖気づいてなどおらず、嘘の報道には真正面から否定し、私にとって重要なのはクラブの利益だけであると記者たちに向かって力説した。

それからまたしばらくの間、とんでもない嘘の報道が飛び出し続けた。ある試合の後、記者会見の席でまたしてもジャーナリストたちの悪意に満ちた質問をうけた私は、サッカーについて私が抱く思いのたけをぶちまけ、イングランドはこうしたリンチのような行為を受け入れるような国ではないと確信している、私が思うイングランドの人々は誠実で思いやりがあり、私には隠し事など一つもない、と少々声を荒げてしまった。それ以後、私に関するおかしな報道はぴたりと止んだ。マスコミ騒動は始まりも終わりも実に唐突なものであった。

マスコミ対応

繰り返して言うが、クラブにいる時、選手と一緒にいる時、私は本当にリラックスできた。デイヴィッド・デインからは全面的に信頼されていたし、選手たちはクラブの経営に関しては一言も口に出さないようにしていた。だが一歩クラブの外に出てみたらこれほどまでにひどい扱いを受けるとは想像しておらず、あのような誹謗中傷や罵《のの》りの声はまったく意外だった。

後に、この頃の狂ったような出来事は、仕事における私の決意とエネルギーを強固にしてくれたという点で、また一つ教訓を与えてくれたと思えるようになった。あれほど激しいバッシングに自分はよく持ちこたえたと思う。私はこの試練によって自分自身や選手、そしてクラブが不安定にならないように努め、私の持つ楽観的な姿勢や自分の価値観を損なわないようにした。そして、その点はうまくやり遂げることができた。

私にはもう一つ知りたいことがあった。どこの誰かもわからないよそ者である私が、多くのサッカー人の垂涎《すいぜん》の的であったこの役職に就くことで妬みを買い、それがこれほど大きな事件に発展していったのか？　それとも、悪いのはサッカーの世界に身を置かず、ただ外からあれこれと口出ししかできない人々なのか？　答えはわからない。

その数週間、私はずっと一人きりで、時間がたつのが非常に遅く感じられた。ボロ・プリモラッはまだ日本にいて、アニーもまだこちらに引っ越ししておらず、家族も友人もフランスにいて、私がこんなに苦しい思いをしていたことなど知る由もなかった。頼りになるのは自分だけ、それもまた私が一つ学んだことであった。

マスコミの誹謗中傷が一段落すると、私も以前のような心の平静を取り戻したが、油断はまだまだ禁物だった。ここで一つ、皆さんに伝えておきたい大事な教えがある。それは、監督たるもの、常に警戒心を持っていなければならないということだ。

選手たち、記者団、サポーターたちに話しかける時、用いる言葉と仕草には細心の注意を払う必要がある。いつもそうした心得で私は記者会見に臨んだ。すでにマスコミにはこれ以上酷いものはないという仕打ちを受けていたので、心の準備は万全だった。

記者会見をうまくこなす術は、慎重に答えることである。そして何よりも、クラブとグループ全体を守ることに注意を払うべきである。サッカーの世界でも、監督がマスコミに接する機会は増えつつあり、私がアーセナルを去る前には、週に6、7回の記者会見が開かれ、それに加えてインタビューやクラブのテレビ局への出演などもあった。そんなマスコミからの私の評判は、返答がいつも誠実で、一切隠し事をせず本音で語るというものであった。

マスコミの取材では、自分自身だけでなく、選手やサポーター、クラブの役員らについても当然話が及ぶ。たとえば、アルコールや女性関係でマスコミの餌食になる選手もしばしば見受けられるものだ。私はマスコミの牙から選手たちを守り、彼らを辛い立場に立たせないよう尽力した。

何事も威厳をもって立ち向かい、常に公正な態度を取り続け、心理的なわだかまりは捨てていかにして目標に達することができるのかということだけを考えなければならない。いつまでも心にしこりを持ち続けると、明確な判断力とエネルギーを失ってしまう。

クラブは屈強だった。そして私自身も。

新しい練習場

ロンドンでの生活は、練習場と事務所、そして最初のうちはホテル、その後はいかにも英国風の庭がある一軒家の自宅との間を行ったり来たりするだけだった。家は質素なものであったが、私にとっては非常に居心地が良かった。

ロンドンでの生活のほとんどをその3か所で過ごしていたせいか、ロンドンという街自体は私にとってどこか遠い場所といった感じで、ロンドンというよりもまるでアーセナルの世界に住んでいたという気分だった。

クラブは、改革をして大きな勝負をかけるべきタイミングにあった。チームを再編し、ベテランと新人の結束を固め、順位を上げ、テクニックの面でも実力アップを図らねばならない。すでにツーカーの仲だったディヴィッド・デイン、そしてアシスタントコーチのパット・ライスからの支持もあった。

クラブのために生き、クラブのことを知り尽くしていたライスは、午前中と午後のトレーニングに立ち会い、初めの数週間は車で1時間かかる事務所まで私を送り迎えしてくれた。

私が来た最初の年、クラブにとって最も大きなチャレンジとなったのは、別の練習場を見つけることだった。何しろ、我々が使っていた練習場はロンドン大学の所有地だったのだから！　クラブには自らの練習場がなく、何をするにも許可を取らなければならなかった。設備も20年遅れており、これからビッグになろうというクラブにはふさわしくない、と私は思った。そんなわけで丸々1年間、私とデインは日曜日になると練習場を建設する場所探しに明け暮れ、結局クラブに長年にわたり奉仕してきた役員のケン・フライアーが土地を見つけてきた。

それからというもの、1999年の新練習所オープンまで私は毎日のように工事の様子を見に行った。練習場にはフィールドを10か所用意し、付属する建物もモダンかつ機能的で、周囲の環境とも調和するものだった。私はチームに最高の練習施設を提供したいと願っていたので、どんなに細かい部分もおろそかにはできなかった。

コーチと医療スタッフ

ライスと共に、ボロ・プリモラッツも非常に頼もしかった。彼は日本を離れ、私のアシスタントを務めるためにアーセナルにやってきた。彼は私の作業スタイルを熟知していただけでなく、すぐに周囲と打ち解けた。謙虚で、プレーや選手について驚くべき知識があり、チームのために尽くしてくれた。まさしく私の右腕であり、苦しい時には必ずそばにいてくれた非の打ち所のない存在だ。日本にいた頃のように一つ屋根の下に住むことはなかったが、彼が妻と住んでいた家に行けばいつも歓迎されたし、私も二人を温かく迎えた。彼は頻繁に私の家に来て一緒に試合を見、私がアーセナルを離れ、ひとりぼっちで気が沈んでいた頃などは毎日のように二人の家で昼食をごちそうになった。まさに一生ものの友人だ。

プリモラッツ、ライス、私の3人は、闘争心と野望に燃え、的確さを備え、アーセナルだとすぐにわかるような独自のプレースタイルをもつチームを作り上げようと努力した。また、私は各分野で最高峰と思える専門家たちを外部から呼びよせ、チームを緩やかにサポートする体制を整えた。

パリ地方医師会からは専門医のヤン・ルジエ氏に来てもらった。神経科学、食事療法、精神神経免疫学に情熱を注いでいた彼は、脳栄養学・神経科学研究所の創設者の一人でもあり、私とはモナコにいた頃から面識があった。

私は通常のトレーニング以外で選手たちのパフォーマンス力を高めるものならば、何にでも興味を示した。とりあえず練習場で起きていることに対してはかなりコントロールできるようになったが、練習場の外となると話は別だった。そしてその面にはまだ大いに改良の余地があると強く感じていたからだ。

医師と私は正反対の性格だったが、二人とも科学の分野や実験といったものに強い関心があり、長年にわたって効果的に共同作業を続けた。彼は選手たちに、食事の仕方、何を食べるべきか、どうやって食物をかみ砕くか、などを説明してくれた。彼を日本に呼んだこともあった。食事療法の分野では彼は先駆者の一人で、選手たちとの接し方も申し分なかった。そうして、彼は食事のメニューを用意し始めたのである。

私が選手たちに朝から晩までブロッコリーを食べさせたという冗談がまことしやかに流れたが、もちろんそれはまったくの事実無根で、私自身ブロッコリーはあまり好きではない。

しかしながら、ルジエ医師が選手の食生活を大きく変えたのは真実である。たとえば、ハーフタイムにはチョコレートバーや清涼飲料水の代わりに、カフェインの入った液体を数滴こぼした角砂糖を選手に与えた。もちろん、最初の頃は選手たちも腹が減ってたまらなかったようだったが、じきにまったく空腹を感じなくなった。

それにより、何よりも選手たちがパフォーマンスをよりコンスタントに保てるようになり、健全な食生活の重要さを自覚することになったのだ。ルジエの後にはエルヴェ・カステルがその役を引き継ぎ、彼もまた有能な人物だった。

私はまた、フランス代表チームをはじめ、世界の強豪クラブや名選手たちのもとで世話をしているオステオパスのフィリップ・ボワセル氏をパリから呼んだ。スポーツ医学とオステオパシーを修めた彼のおかげで、選手たちはより簡単に疲れから回復し、次の試合に臨むための体調を十分に整え、ストレス管理もうまくできるようになった。彼は週2回アーセナルに来て選手全員を診察し、試合で受けたショックによる負傷や関節のズレなどをチェックしてくれた。

また、イギリス人の精神科医ディヴィッド・エリオット氏、トム・オブライエン氏、ディヴィッド・プリーストリー氏、セリ医師といった専門家らも、チームと選手のメンタル強化に貢献してくれた。

この緩やかなサポート体制により、クラブのテクニカル部門はより効率的になり、以前のようなアットホームな雰囲気はそのままに、チームのパフォーマンスと成長にぴったりの環境を作ることができた。私はどんな分野でも、その最高レベルにいる人々の力を借り、選手のパフォーマンス能力を客観的に測定できる手段で見極めようと心掛けてきた。

モナコ時代、私はジャン＝マルク・ギユーの能力測定ツールを最初に使った一人だった。それによって選手たちが成長するよう導き、選手たち自身が改良すべき点を簡単にチェックできるように手助けした。アーセナルは、フィジカルパフォーマンスの測定を実現した世界初の企業、プロゾーン社と最初に契約を交わしたクラブの一つだが、今ではプロゾーン社のサービスは世界各地の多くのチームにすっかり浸透している。

こうして、チームがプレーのレベルをアップさせ、中間あたりの順位から抜け出してタイトルを奪いに走りだすお膳立てがすっかり整った。

アネルカ

パトリック・ヴィエラ、レミ・ガルド、エマニュエル・プティに続きもう一人、1998年のリーグタイトル獲得に向けての決定打となる選手がやってきた。ニコラ・アネルカである。

アネルカに初めて会った時、彼はPSGの養成所にいた。オセールの選手を獲得するためにフランスに立ち寄った際、知り合いの代理人たちから非常に有望な選手がPSGにいるが、あまりプレーさせてもらえずクラブに不満を持っているという話を聞き、会ってみようと思った。彼はまだ17、18歳ぐらいでシャイだったが、PSGを離れたい気持ちは強そうに見え、アーセナルにぜひ行ってみたいと語った。私はいったんロンドンに戻り、しばらくの間は待っていた。やっぱりPSGに残りたいと心変わりするのではないかという気がしたからだ。しかし、2か月たっても彼の意思は変わらず、やがて私はPSGと合意に達して彼を獲得した。こうして1997年2月にチームに加入したアネルカには、まずみっちりと練習させ、基礎を叩き込み、荒波にもまれ、チームに溶け込ませる必要があった。最初のうちは大変だったようだが、すぐに力を上げてきた。

そのシーズンの最後の試合、5月11日のダービー・カウンティとのアウェー戦に向け、私たちは移動の準備をしているところだった。アネルカはスタメンから外していた。移動バスに乗りかけた時、アネルカがいないことに気がついた。彼は自分の部屋にいて荷造りをしていた。思い通りにプレーさせてもらえないという悔しさのあまり、フランスに帰ろうとしていたのであった。そこで私は彼とじっくり話し合い、あきらめるな、自分のプレーで存在感を見せつけろ、こんな一時の感情で行動するべきではない、最初にぶつかる壁から逃げるな、と諭した。そして彼はようやく納得してくれた。

翌日の試合では、開始10分にポール・マーソンが負傷した。私はそこでアネルカを投入し、彼はその試合のヒーローになった。試合後の控え室では、満面の笑みを浮かべたアネルカの姿があった。私は彼に、この丸一日で起こったことを絶対に忘れてはいけないぞ、と念を押した。ほんの1日前はすべてを投げ出すつもりだったのが、一夜明けてみたらチームの強力なメンバーとして称えられるようになったのである。

アネルカはその後スター選手への道を歩き始めたが、このエピソードは私の心の中にずっと残っている。どうしようもなく心が挫けそうになった時、あることがきっかけであっという間にすべてが変わった選手がいる。

そして、既存のシステムからはじき出され、いったんはサッカー選手であり続けることがかなわぬ夢となりかけたものの、後に大手を振って第一線へと戻ってきた選手たちもいる。長いキャリアの中でそんな場面に私は何度も立ち会ってきた。ジルー、コシールニー、カンテ、リベリーなど、枚挙にいとまがない。

レアの誕生

このシーズン最後の試合の数週間前、私の人生にも大きな変化があった。父親になったのである。その瞬間はおそらく仕事のことで頭が一杯であまり実感がなかったが、娘のレアの誕生はまさに私の人生で最高の瞬間の一つだった。


レアは1997年4月27日、モナコで産声《うぶごえ》を上げた。

その日はチェルシーとの試合で白星を挙げ、私は試合終了後すぐにモナコへと向かい、アニーの出産に立ち会った。まるでタイミングを合わせたかのようだった。

アニーとレアはその年の暮れにロンドンへ引っ越し、私は中年男の一人暮らしから一転して娘を中心とした家庭生活を送ることになり、アニーも私もその生活を誰にも邪魔されずに守っていこうと努めた。私のように四六時中忙しく、自分の情熱に没頭して他の者を顧みない男に対して、アニーは本当に良くしてくれた。彼女はレアにその愛情のすべてを注ぎ、彼女の持つ価値観を伝える素晴らしい母親であった。

彼女にはどれほど世話になっただろう。大変なこともたくさんあったに違いない。何しろ、サッカー狂いが高じてそれを天職にまでしてしまった男と生活していたのだから、並大抵のことではない。父親にならずして一生を終えるのは嫌だったし、やはり子供は欲しいと思っていた。だが、世の多くの父親と同様に、子供と一緒に過ごす時間があまり作れなかった、とか、もっと子供を作りたかったという後悔はある。

レアにはケーガン、エリカという父親が違う兄と姉がいる。大家族とは本当にいいものだ。何かの機会に一家全員が集まると、笑い合ったり言い争ったり、楽しい思い出がたくさんでき、それが人生の大きな支えになる。自分は一人ぼっちじゃない、そう強く感じることができるからだ。

レアは生まれつき競争意識の強い女の子で、学校での成績も良かった。だから、私の子供の頃の通知表など絶対に見せたくない。小さい頃は私と行ったどんな些細《ささい》な遊びでも闘争心を燃やして、何とか私を負かそうと一生懸命だった。勉強もスポーツも全力投球の彼女はケンブリッジで神経科学を学び、今は研究者への道を進もうとしている。

私とアニーはレアに物事の本質を伝えようと努力し、他人を思いやる人間になってほしいと思って育てた。手前味噌だがその任務は果たせたと思っている。愛にあふれた子供時代を過ごし、レアは好奇心旺盛で勉強熱心に育った。様々な才能にあふれ、勉強に打ち込むパワーも凄まじいものがあった。

彼女はまた、私に似たのかどこか謎めいて、内気なところもある。もっとも、私があまり家にいなかったことや、私とアニーが離婚に至ったことで辛い思いをしたはずだと思うのだが、そんなことは一言も口にしたことがなかった。

父親になったものの、自分が本当に父親として相応しい男なのかという悩みや不安に駆られることもあった。一方でレアは、愛情深く家族のことを第一に思ってくれる母親の下で育てられるという幸運に恵まれた。アニーは娘のためにそのすべての時間を費やした。今のレアがあるのは彼女のおかげだ。

私はいつも競争世界の激しさの中にいた。失望する時もあるし黒星を喫すれば苛立った。レアとアニーが、そういった世界からできる限り離れた場所で生活できるように私は心掛けた（というより、私はむしろそんな時は自分の殻に閉じ込もり、無言で分析し、怒りのエネルギーを次なる目標へのパワーに変えようとしたのだが）。

とはいえ、やはり彼女たちもサッカーとは切っても切れない縁で生活することを強いられていたし、そのことで時には私を恨んだりもしたはずである。

それでも、二人とはかけがえのない時間や、私にとって大切なものを共有しようと試みもした。立派な大人の女性に成長した今のレアの姿に、アニーも私も心から喜び、誇りに思っている。

スーツ

１９９７年～９８年のシーズンは、アーセナルが覇権を握る年となった。

私はクラブにしっかり腰を据え、経験豊かな監督という役割を全うし、三つの大きな任務を果たそうと全力を傾けた。当時の私の三つの大きな任務とは、一つはチームの成績とプレースタイル確立に成果を挙げること。二つ目は選手の個人的な成長を強固にすること。そして最後の三つ目はクラブの骨格を発展させ、世界中にその威力を知らしめることであった。私は新しい練習場の建設、新選手獲得、移籍、日常のトレーニングといったことに奔走し、選手のためになるならば専門家の力に頼ることもいとわなかった。

中でも最も大事だったのはやはりチームのプレースタイル確立で、それは be together, act with class, move forward（協力し合い、気品をもって行動し、前進する）というクラブの持つ三つの大きなポリシーの上に成り立つものであった。このポリシーを体現することはまた、ピッチの上でも、ベンチにいても、サッカーの外の世界でも、何らかの気品を持ち続けることだった。

日本にいた頃から、私は試合時にスーツを着用し始め、アーセナルでもずっとこの習慣は変わらなかった。クラブの姿を体現し、サポーターにも自慢に思ってもらえるようになり、また、対戦相手への敬意も忘れず、どんな時にも投げやりになったり適当にあしらったりしてはいけなかった。姿勢を正し、スマートな態度をとることの重要さを、選手たちもよく理解してくれた。彼ら自身の姿もまたエレガントそのものだった。

また、一見大したことではないように思えるかもしれないが、チームにとってとても大きな意味を持つ習慣があった。試合の前にクラブの顧客とスポンサーを招待して開かれるカクテルパーティーの会場に赴いて彼らに挨拶をし、クラブの役員としばし時間を過ごし、会場は対戦相手のシンボルカラーの花で飾るのである。常に洗練とエレガンスを求める姿勢がここにあった。

高い目標設定

パフォーマンス第一という考えを浸透させることも重要だった。そのためには、

◎いかにして自分はより高い所を目指せるだろうか？
◎持てる力を十分に発揮できる状態にまで到達したか？
◎自分は何をすべきか？

といった、これまでも述べてきたような課題を、指導者自身も、選手も自分に問いかけてみなければならない。

こうしたことはあらゆる成功の秘訣だろうと思う。選手が自分の課題をよりよく知るためには自分の欠点を見つけ、それを超えてさらなる上の段階に進むには何をすればよいのかを理解する必要がある。知性とモチベーションのバランスがとれた選手であれば、こういったことが可能となる。だから私はトニー・アダムス、ディヴィッド・シーマン、リー・ディクソン、イアン・ライト、デニス・ベルカンプ、マルク・オフェルマルス、ディヴィッド・プラット、レイ・パーラーといった

ベテラン勢、そして私が引き寄せたレミ・ガルド、ジル・グリマルディ、エマニュエル・プティ、パトリック・ヴィエラ、ニコラ・アネルカといったフランス人選手勢を頼りにできたのであった。

このシーズンは夢のようだった。中間あたりの順位でくすぶっていた私たちアーセナルは強豪と肩を並べ、上位に食い込むことができると証明したのだから。選手たちは勝利に飢え、勝利に燃えていた。だがそれは、タイトルを獲得したか否かにかかわらず、その後も含めて22年間ずっとアーセナルに存在し続けたものだ。私は選手たちをそれぞれ心から愛していたし、彼らの歩んできた道、その厳格さ、パワー、トップになるために払った犠牲、そうしたことに対して深い敬意を抱いていた。

タイトル獲得が最大の目標であったこのシーズン、私はそれが実現できると信じ続け、それが可能だと世間に納得させることができた。

マンチェスター・ユナイテッド

1998年3月14日、マンチェスター・ユナイテッドとのアウェー戦。アーセナルは彼らに8ポイントの遅れをとっていたが、この試合ではアネルカのアシストからオフェルマルスが決めたゴールで1対0の白星を飾った。この勝利で流れが一変した。アーセナルは強豪マンチェスター・ユナイテッドを相手に互角に渡り合い、そのうえ白星まで挙げる実力があると知らしめたのである。それはプレミアリーグでトップクラブの仲間入りを果たしたことの証だった。

この頃はマンチェスター・ユナイテッドとのライバル関係が始まったばかりだったが、顔を合わせるたびに感じられたあの張り詰めた雰囲気がとても好きだった。

アレックス・ファーガソン監督はクラブのためなら命を投げ出すほどの覚悟があったし、それは私も同様だった。彼か私か。二人の間の競争意識がこの極限の対立を物語っていた。

ファーガソンは情熱的で大変有能な監督であり、彼の個性とクラブ自体が持つ力によってイングランドのサッカー界でゆるぎない権威を誇っていた。あたかも彼は、審判に至るまでのあらゆる人々に対し、無言の圧力をかけられるかのようだった。

とりわけロスタイムは別名「ファーギー・タイム」と呼ばれ、マンチェスターは特にホームでの試合で、ロスタイム中に決勝点を挙げて勝利することが多かった。彼の権威は何よりもチームの高いクオリティーと密接に結びついていた。チームはいつも大いに尊敬を集め、気品にあふれていた。

確かに、私たち二人の間では衝突や激高する場面が多々あったが、それはゲームの一端や場を盛り上げるための見せかけのものではなく、サッカーに人生をかけた二人の男の本気のぶつかり合いだった。二人とも勝利だけを目指して精一杯戦った。

ファーガソンや彼の選手たちに対する私のイライラが少しでも表に出ようものなら、すぐさま相手側に感知されるのはわかっていたので、常に自分の感情をしっかりとコントロールしていなければならなかった。だが時にはこらえきれずに爆発することもあった。どちらともなく限界に達すると、サポーターやジャーナリストたちはそんな場面に沸いた。

当時の彼がクラブを完全に支配していた一方で、私はまだどちらかといえばコーチ然としていて、二人の間に大きな隔たりがあることを痛感したものである。彼の持つ計り知れない長所もよく知っていた。素晴らしいスタッフを周囲に結集させ、決して成功の上に胡坐をかくことなく、非常に効率的で実用本位なサッカーによってライバルたちを蹴散らしていった。優れたリーダーシップを持つ彼は、適切な決断を下し、人間の心理について鋭い感覚の持ち主であることを証明していた。

私たち二人の関係は非常に濃く、大いに波乱に満ちた時もあれば穏やかで平和的な時もあり、イングランドのサッカーを盛り上げた。アーセナルのほぼひとり勝ち状態だったそのシーズンの後、1999年はFAカップ準決勝でマンチェスター・ユナイテッドに引き分け再試合の末敗れ、彼らはプレミアリーグとFAカップとチャンピオンズリーグの3冠を手にした。とにかく両者のライバル関係は激しかった。試合では何が起こってもおかしくないという気分がして、普段よりも倍のパワーを出して戦う必要があった。

2冠

とはいえ、プレミアリーグもあと2節を残すばかりだった1998年5月3日、エヴァートンを4対0で下してアーセナルがリーグのタイトル獲得を決めたまさにその時、アーセナルは全世界に、そしてとりわけマンチェスター・ユナイテッドに対し、自分たちにはマンチェスターを凌《しの》ぐ実力が備わっていることを知らしめた。その13日後、ウェンブリーで行われたFAカップの決勝戦でニューカッスルを2対0で倒して優勝を決め、まさに天にも昇るような気持ちであった。とてつもない冒険が始まったという実感を得て、これだけでは絶対に終わらせないぞと全員が鼻息を荒くした。この2冠にはそんな感動と充実感が満ちあふれていた。

私はチームにもクラブにもこのうえなく鼻が高かった。私を信用してくれた人々だけでなく、何週間にもわたって私を苦しめた人々に対する、何と鮮やかな返答だっただろう。外国人で無名の監督がチームの信頼を得て、試合に勝ち、そのうえタイトルまで手にしたのだ。

しかし、私はもっと上を見ていた。その年の大成功によって私にもたらされた威厳と信用は、今後さらに監督の仕事に打ち込み、貪欲になり、クラブに貢献するために必要なものだった。私はタイトルだけでなく、すべてを制したいと思っていた。

再試合と気品

翌1998〜99年のシーズンは無冠に終わったが、アーセナルは成績とは別の部分で存在感を見せつけ、スタイリッシュに世間を驚かせた。

2月13日、FAカップ5回戦でシェフィールド・ユナイテッドと対戦した際、負傷したリー・モリスの手当てをしていた救急医療スタッフに時間を与えようと、シェフィールドのGKアラン・ケリーは故意にボールをタッチラインの外へ出した。

それに対し、レイ・パーラーはアラン・ケリーにボールを譲ろうとしたのだが、当時アーセナルに加入したばかりのカヌがすぐさまボールを奪い、オフェルマルスにセンタリングしてゴールを決めさせたのだ。審判はもちろんゴールの判定をし、この試合はアーセナルの勝利で終わったのだが、会場は騒然となった。

試合直後、アーセナルの関係者が選手控え室に全員集合し、選手たちもクラブの会長も再試合を行うことに同意した。問題はＦＩＦＡを納得させることであった。

審判による明らかな判定ミスがない以上、ＦＩＦＡとしては再試合を許可するわけにはいかない。そして、再試合を希望していた予定日の前日になってようやくＦＩＦＡからのゴーサインをもらい、アーセナルは勝利を挙げた。

大事なカップ戦の試合であり、準々決勝でマンチェスター・ユナイテッドと顔を合わせる重要な試合だったにもかかわらず、選手たちは誰もが再試合を行うことにまったくためらいがなかった。それこそが私にとって最も大事なことである。

「気品を持って行動せよ」というクラブのモットーは、アーセナルにとってとても大きな意味を持つのだ。この一件によりチームの結束は一段と固まり、クラブ、そして私自身のイメージをさらにアップさせる結果となった。今日ではこうした品性やフェアプレー精神はどこか隅に追いやられ、勝つためならどんな手を使っても構わないという風潮がある。トップに立てなければ、優勝カップを手にできなければ何の意味もないと思う人がいる。それは大きな誤りだ。

勝つことはもちろん喜ばしい、だが私たちが目指していたのは信念に沿った勝利であった。その再試合で私はフェアプレー賞をもらい、とても誇らしかった。クラブも私と同じくらい誇らしく思っていたはずだ。前シーズンに獲得したタイトルとこうした公正な態度が私たちに魂を吹き込み、今後歩むべき道を示唆《しさ》してくれた。

ティエリ・アンリ

もっと強力なチームを作るべく、私は新しい選手を獲得していった。彼らの多大な才能に大いに信頼を寄せていた。

ティエリ・アンリはモナコ時代に私がデビューさせたこともあり、実力はすでによくわかっていたし、当時から早熟で頭がよく、輝いていた。ユヴェントスでプレーしていたアンリはアンチェロッティ監督とあまり波長が合わず、監督はアンリをレンタルで放出したいと考え、アンリはそれを望んでいなかった。彼がくすぶっていることを感じていたので、私はディヴィッド・デインと共にユヴェントスとの交渉に乗り込んだ。

ユヴェントスはアネルカとのトレードを希望していたが、アネルカはレアル・マドリー行きを希望していたようで、私はアネルカ本人からその意向を聞くまで待った。彼がその意思を明らかにすると、私たちはさっそくレアルとの交渉に入った。去る者は追わず、だが、やはり心情的には寂しかった。

彼にとって時期尚早なのではないか、これほど大口の移籍をして重圧に耐えられるのか、と心配でもあったし、彼にはまだ学ぶべきことがたくさんあった。選手のキャリアにおいて何よりも重要なのはクラブ選びとそのタイミングである。その後の私の印象では、レアルはあまり彼にプレーするチャンスを与えず、彼も周りからややそっぽを向かれていたようだったが、私にはもうどうすることもできなかった。

ともかく、アーセナルはアンリの獲得に成功し、彼は1999年からクラブの仲間入りを果たした。私も含めてチームメイト全員が、彼には特別な何かがあることを即座に感じ取った。とりあえず私は彼をセンターで徐々に起用し始めた。

彼はボールを求めて走り出すタイミングの感覚が絶妙だった。だが最初の頃はやや詰めが甘く、まだ自信が持てなかったようで、本当にゴールを決められるのだろうかと思ったりしていたのだ。

後に彼のキャリアは誰もが知るところとなり、アーセナルにとってなくてはならない最高のストライカーになったことを思うと、そんな風に自信を持てなかったのは少し滑稽にも思える。だがその時は、彼が自分の力を信じるように、そして彼の持つシャイな面や神経質な面、恐怖などを武器に変えさせる必要があった。そうしたことが彼を前進させ、より強くさせたのである。

彼は周囲で起きている状況を咄嗟に分析し、何をすべきか理解した。そうした知性、分析能力、自己理解と、絶えず自分に問題提起する姿勢、そういったものは偉大な選手の証でもある。彼はたちまちチームに溶け込み、彼のプレーはチームメイトたちから喝采を受けた。アンリはすべての人々、ファン、そして私たちにとってアーセナルの黄金時代を象徴する人物であった。

ピレスとヴィルトール

翌2000年にはロベール・ピレスとシルヴァン・ヴィルトールをチームに迎えた。

ヴィルトールはボルドーでプレーしていた。彼の素早くて自在な動き、チャンスをしっかりとものにする能力、チームへの貢献度を私は高く買っていた。チームプレーで輝く選手であり、判断力も鋭かった。だが、彼の獲得交渉は難航した。

ヴィルトールはやや偏屈で野生児といった評判があり、また、正面切って相手とぶつかるのではなく、衝突を避けるような傾向にあった。だが、彼はアーセナルで、そして後にリヨンで、いかに知性のある選手であるかをまざまざと見せつけた。ゲームの流れをしっかりと把握し、相手の攻撃をかわし、ボールをしっかりと受け止め、どんな場面でも首尾よくこなす能力を持ち、チームに安心感をもたらしてくれる存在だった。

ピレスはマルセイユに在籍していた。私はマルセイユのドレフュス会長に直接、彼が欲しいと話したこともある。ピレスがマルセイユから離れたがっていたのは知っていたし、私がアーセナルで成し遂げようとしていたチャレンジに大きく貢献してくれるのは明らかだった。世界に名だたるトップクラスの選手であり、負傷する前の数年間はおそらく世界最高の左サイドハーフだったと言えるだろう。驚くべきテクニックを持ち、要領の良さも備えるストライカーでもあった。

常に笑顔を絶やさず、世界一優しい性格の持ち主の彼が、突如として凄腕の点取り屋に変身する。2002年3月23日のニューカッスル戦では終始大活躍で得点も挙げたのだが、タックルを受けて転倒し大きなけがを負い、後に靱帯断裂と診断され、すぐに手術を受けることになった。

これは彼自身にとっても私にとっても深い苦しみだった。彼をこの試合に出場させたこと、ゆっくりと休養させてあげなかったことで自分を激しく責めた。以後数か月間のプレーはもちろん、ワールドカップへの出場も不可能になってしまい、これまでの高いレベルのプレーを取り戻すことができない危機に晒《さら》されることが私には痛いほどよくわかった。

再びの2冠

同じ年、2002年5月8日、アーセナルはまたしても快挙を成し遂げた。マンチェスター・ユナイテッドのホームにて、ヴィルトールのゴールにより白星を挙げ、再びプレミアリーグのタイトルを獲得したのである。この勝利は忘れられない最高の思い出だ。しかもその4日前にはFAカップの決勝戦でチェルシーを2対0で下したのだから喜びは尚更大きなものだった。

プレミアリーグの看板クラブを相手にして獲得したこの二つの勝利は、サポーターたちにとって、そして私たちにとって、本当に大きな意味を持っていた。

アーセナルにはリーグタイトルとFAカップの優勝を手に入れる実力がある、チェルシーやマンチェスター・ユナイテッドのような、資金力で上を行くクラブと互角に戦うことができる、そうはっきりと証明されたのだ。自分たちに足りない部分をカバーするにはプレーのクオリティーを上げ、高い金額で取引される選手たちをよそに、移籍市場の動向を見極め、賢明な選手獲得政策を行うべきだということを私たちはよく理解していた。

2000年代はチームとクラブの国際化に門戸が開かれた時代だった。1998年当時はイングランドの文化に染まったままだったチームは、2000年代に入り多様な文化を持つチームへと変わっていった。多様な文化を抱えるのは、それが一つの共通の文化をおろそかにしないという条件下であれば可能だと私は思う。クラブの持つ精神こそがその共通の文化であるということが重要である。それは、明瞭かつ誰からも受け入れられるものでなければならない。

テレビ解説の仕事

監督としてキャリアを積む際に私は、常に成長し、より正確に、より公正に、より強くなることを追求してきた。毎日のトレーニングに加え、2002年にはテレビ解説者の仕事も舞い込み始め、これが意外なほど勉強となった。

フランスの民放局TF1のエチエンヌ・ムジョット局長から連絡を受け、私は局のスポーツ部責任者であったシャルル・ヴィルヌーヴと会うことになった。それから、ジャン＝ミッシェル・ラルケ、ティエリ・ロラン、ティエリ・ジラルディ、後に友人となるクリスチャン・ジャンピエールといったサッカージャーナリスト、コメンテーターらと一緒に仕事をする機会に恵まれた。

テレビの仕事のおかげでワールドカップや大規模な大会の試合に立ち会うようになり、これまでとは違った形でサッカーに対する私の情熱を表現し、選手や監督、代理人たちとつながりを持つことになったのである。私個人にとっては、客席の高い場所から試合を観察し、コメントすることは、一歩身を引いて物事を見つめることができるようになる格好の機会で、学ぶことは多かった。

中でもクリスチャン・ジャンピエールとは会ってすぐに意気投合し、私たち二人にビセンテ・リザラズを交えて3人で試合中継を担当していたが、口数が最も少ないのは私だった。もしかしたら人数が一人多すぎたのかもしれない。今では私も、以前よりはかなりリラックスして解説の仕事ができると思うし饒舌《じょうぜつ》になった。だが当時は、他のコメンテーターの邪魔にならないように気を遣っていたし、試合の真っ最中にあれこれとしゃべるのは何と難しいことかと痛感した。

私はどちらかといえば、スポーツ専門テレビ局・ビーイン・スポーツで現在担当しているような、試合前あるいは試合後に行う分析の方が好きである（ビーイン・スポーツについては、２００４年にカタールの実業家ナセル・アル＝ケライフィ氏と最初の契約を交わしたのだが、氏はその後ビーイン・グループ内で破竹の勢いで出世してトップにまで登り詰めた）。

私はサッカーの現場サイドの人間なので現場で競い合い、行動し、アイデアを形にすることの方が好きである。しかし、テレビを見ている人たちにサッカーの素晴らしさや、プレーの面白さを伝えようとチャレンジすることもまた興味深かった。言葉の力は大きく、様々な変化をもたらす影響力もある。発言するのは大事なことである。

私はよく、監督とは明確な考えを持ち、何を目指しているのかを心得て、それをきちんと言葉で表現できる人間である、と語ってきた。たくさんの試合についてコメントし分析することで、私は自分の考えをより明確にし、それを正確に伝えることができるようになった。

サッカーの世界においてテレビの担う役割が今後は大きくなり、この世界に大変な利益をもたらすだろうと私が感じたのもまさにこの時であったが、その代償としてテレビの存在はサッカーにとって次第に大きくなり、常に新しい面白さを提供することが要求されている。それは、我々現場の人間ではなくクラブの会長に対して求められる性格のものだが、その要求を受け入れるならば、チームを守るための境界線を引いたうえで最高の見せ場を作るよう努力しなければならない。

2位の成績を振り返る

2002〜03年のシーズンはFAカップを獲得したものの、リーグでは2位に終わった。優勝したのはマンチェスター・ユナイテッドだった。だが、最大のライバルである彼らを蹴散らして再び快挙を成し遂げ、サッカーの歴史に1ページを刻むことの予感は大いにあった。アーセナルは一致団結し、パワフルで経験豊富、最高のレベルに達していた。鉄のように強固なメンタルを持ち、競争を心から愛するベテラン勢と前途洋洋な若手選手たちがうまく混ざり合っていた。彼らが頂点に立つために欠けていたものなどほとんど無に等しかった。もしあったとすれば、ほんの些細なきっかけか、魔法のような不思議な力だけだった。

この最終成績が2位だったシーズン終了後に私は、選手たちになぜタイトルが獲れなかったのかと疑問を投げかけてみた。彼らの口からは、私がプレッシャーをかけすぎていたこと、プレミアリーグではアウェーでの黒星が少なかったものの、私の掲げたシーズンを無敗で終えるという目標は到底達成できないと感じていたことが挙げられた。

そこで私は彼らを奮い立たせる意味で、またそれが本当に可能だと信じていたので、君たちにタイトルは獲れる、でもそれだけではなく、無敗でタイトルを獲れる力があると答えた。

無敵艦隊と呼ばれることになるこのチームはまた、リーグ戦で2位に終わり、自分たちのチャンスを信じることができなかったチームでもあった。選手たちを信じ、とてつもなく大きな目標を与えることから始め、その成果を1年後、2年後に実らせるというのは、私が常に思い描き実行してきたやり方であった。

選手たちを信頼していること、それでもやはり自分の考えに自信を持っていることを示そうと、私は記者会見の時に「アーセナルは無敗でタイトルを獲得できる」と宣言した。頭がおかしいと思われようと、傲慢《ごうまん》だと思われようと構わなかった。監督である以上、その最大の目標はリーグのタイトルを無敗で獲得することだと常に思っていた。その考えに取りつかれていたとも言えただろう。テストで90点を取ってクラスで1番の成績になれることもあるが、100点満点であれば2位の成績に甘んじることは不可能なのだから。

2003～04年シーズンの序盤にも、「君たちは一度も黒星を喫することなくリーグのタイトルを獲れる。私はそれを信じているし、それが我々の目標だ」と繰り返し選手たちに向かって述べていた。

この時の素晴らしいチームの顔ぶれは今でも忘れない。パトリック・ヴィエラ、ジウベルト・シウヴァ、レイ・パーラー、セスク・ファブレガス、ロベール・ピレス、デニス・ベルカンプ、ティエリ・アンリ、ヌワンコ・カヌ、11歳の時からアーセナルの養成所で育ち私がデビューさせたアシュリー・コール、そしてイェンス・レーマンといったチームの顔ともいえるスター選手たちはもちろんだが、チームにとって重要な基盤となったのは二人のディフェンダーだった。

ソル・キャンベル

ソル・キャンベルは2001年にアーセナルに加入した。宿敵トッテナムでチームのキーパーソンだった彼は、ちょうどクラブとの契約が切れるところだった。彼がアーセナルに来ることなど、誰一人として想像できなかっただろう。移籍に向けた準備やその条件について話し合うべく、関係者が夜な夜な11時にディヴィッド・デイン宅に集合し、話し合いの合間、12時や1時頃にデイン宅の周辺を一緒に散歩した。移籍の話を知っていたのはデイン、キャンベル、代理人スカイ・アンドリュー、そして私の4人だけだった。

私たちはこの移籍が大きな衝撃を生むことを予期はしていた。アーセナル加入発表会見で、キャンベルが記者たちの前に姿を現した時は、まるで爆弾が爆発したかのようだった。トッテナムで長年プレーした後にアーセナルに加入するというのは、とてつもなく勇気のある行為だったのだ。

そして、サポーターたちの思い入れの強さを考えると、それは容易に想像できたことではあるが、危惧《きぐ》していたことが起きてしまった。キャンベルは裏切り者のレッテルを貼られ、それに耐えることを強いられたのだ。

彼は人間としても素晴らしく、驚異的なパワーを誇る唯一無比のディフェンダーであったと私は思う。キャンベルがチームに与えた衝撃は大きく、彼がいなかったらそのシーズンの成績は大きく変わっていただろう。彼がクラブのために耐え忍んできたもの、絶えず彼に襲い掛かってきた攻撃の重圧を私はよく理解している。

コロ・トゥーレ

キャンベルには、コロ・トゥーレとコンビを組ませた。トゥーレはキャンベル加入の翌年にチームにやってきた。ジャン＝マルク・ギユーがコートジボワールに開いたサッカーアカデミーの出身である。

私のカンヌ、モナコ時代に親交のあったギユーは、後にコートジボワールに移住し、そこでサッカー教育施設を開設した。その施設の開設にあたって私を含めた彼の友人たちも協力した。若くしてこの世を去ったギユーの息子の名前を冠してヨアン・アカデミーと名づけられたこの施設は、アフリカのサッカー界にとって非常に重要な場所となった。

ギユーはその監督としての腕前を活用し、コートジボワールならびにその周辺の国々で一時代を築くことになる名選手を数多く育成した。私も彼の仕事ぶりは常に気にかけていて、その指導方法や教育環境、生徒らに身につけさせたテクニックのレベルなど、どれをとっても一級品だと思っていた。

今ではもうこのアカデミーは存在しないが、ギユーはその頃と同じ執念と熱心さで、マリやアルジェリアなど多くの国で同じような施設を創った。アーセナルとアカデミーの間に提携関係があったことからトゥーレが私の目に留まり、トゥーレの他にもエマニュエル・エブエなど、アカデミーには興味深い選手たちがいた。

トゥーレはそれまでにバーゼル、バスチア、ストラスブールで入団テストを受けたがどこも不合格で、仕方なくコートジボワールに帰っていた時だった。しかし私は彼に何か不思議なものを感じた。とりあえず一度プレーするところを見たいと思った。アカデミーの選手たちは皆ヨーロッパ風のプレースタイルに馴染んでいるため、力試しに見てみるといっても実際は入団テストのようなものだ。私はギユーを信頼していたが、試しにプレーをさせてみたところ、心底驚いた。貪欲な闘争姿勢、くらいついたら相手がコテンパンにやられるまで離さないそのガッツ。彼はいける、と思った。こうしてトゥーレは我が無敵艦隊で守備のかなめ、キーパーソンとなり、おまけに、取引のためにかかった金額はサッカー史上類を見ないほどの安さだった。ともかく、トゥーレはやがて世界最高のセンターバックの一人として名を連ねるようになる。

この強力なディフェンス陣にはもう一人、カメルーン生まれのローレンがいた。彼もまた、戦うために生まれてきたような、才能のある選手だった。コールもそのキャリアをさらに輝かしいものにしていった。ゴールには、勝負強さでは右に出る者のない我らが守護神イェンス・レーマンが控えている。こうして、アーセナルが誇る超一級のディフェンス陣営がそろうこととなった。この陣容はチームが成功を収めた要因の一つであり、無敵艦隊の原動力そのものであった。

無敗優勝

話を戻そう。

「君たちは一試合も負けずにタイトルを獲ることができる」と私はチームに向かって思いを伝えた。私はそう確信していたし、選手たちにもそう確信してもらい、このチャレンジに正面から思い切りぶつかってほしかった。

すでにたくさんの試合に勝ち、リーグのタイトルもカップ戦の優勝も手に入れたことがあるのだから、もっとすごい何かを達成することは可能だということを知ってほしかった。

私がそこで目指したのは常に勝ち続け、黒星を何としてでも阻止することだ。こうした非常に高い目標を掲げる場合、時間と辛抱強さが必要になる。選手たちが負けることへの恐怖をなくし、高い目標を自分の意識の中にしっかり刻み込まなければならないからだ。

そしていざ2003～04年シーズンが始まるとアーセナルは、無敗でのリーグ優勝という目標をさらに上回る快挙を成し遂げたのだ。それは49試合連続無敗記録である。この期間、私たちはモチベーションとチャレンジ精神を維持し続け、絶えず訓練に励んだ。どの試合でも素晴らしいプレーを繰り広げ、個人的な欠点があればすぐさま手直しを加え、野望に向かってまっしぐらという意気込みを常に持ち続ける、その点にのみ集中していたのだ。

私たちは皆、このチームならではの精神、パフォーマンス第一主義をさらに発展させようとしていた。選手それぞれが、自分の力のどこを伸ばせるかを明確にイメージする必要があった。

そうしてついに、私が思い描いてきた理想像を、チームがしっかりと吸収する瞬間が来たのである。私の青写真はすっかり選手たちのものとなり、彼らは49試合にわたってその青写真を実現しようと努めたのである。

選手たちの間にはライバル意識もリスペクトもあり、彼らは目標をしっかりと定め、そのためにはどんな代償も惜しまない覚悟だった。私たち全体が一種の神の恩寵《おんちょう》を受けているような状態にあった。選手一人一人に強いカリスマ性とそれぞれの野心があった。

途方もない要求にこたえられるよう、シーズンを通じてずっとペースを落とさず頑張ってきたこの選手たちを心から称賛したい。丸1シーズンもの間、チームをあらゆる脅威から守り抜くことなど不可能である。選手たちの中には個人的な不安を抱え、痛みに苦しんだ者もいただろう。だが、試合になると彼らはプレー、チーム、そしてサッカーにかけるその情熱にすっかり身を任せた。

この時のメンバーはクラブの計画と野心を完璧に実らせ、そのプレースタイルを発展させたという点において、他よりも抜きんでていた。アーセナルならではのスタイルを完成させる支えとなったのは、個人の才能、集団的知性、そして謙虚さだった。サッカーのチームが成功する時は、必ずこれらの要素が必要なのだ。

当時、何事もおろそかにしてはならないと思っていた。そして、プレーと勝利だけを考える精神状態を保つためならばどんなことでも利用したことを覚えている。私は、まるで何かの儀式のように、いつも同じやり方で準備に臨んだ。朝の運動も選手たちとの準備も、すべてきっちりと定められていた。同じ時間にコーヒーを飲み、選手たちと一緒に食事をとり、試合に向けたコンディション調整をして、試合前のミーティング、散歩、それからストレッチといった具合である。その際に選手たちの振る舞いを見たり、彼らの話を聞いたり、集中している様子を目の当たりにすることで、チームのエネルギーを感じることができた。

その頃、私はこのうえなく素晴らしい発見をした。チームから敗北に対する恐怖がすっかり消え失せていたのである。そうした恐怖がなくなったことでチームはさらに強くなれた。自分たちを勝たせてくれるものにだけ集中できるようになったのである。こうした発見があるからこそ私はこの仕事を愛し、さらに情熱を燃やし続けることができたのだと思う。私たちは大きな課題を分かち合うことで、粘り強さと熱意を日増しに身につけていったのであろう。

「一つになるぞ」

アーセナルはプレミアリーグで最後の残り4節を待たずしてタイトル獲得を決めた。だが、このタイトル決定で何もかも終わってしまうなどもっての外だと思っていた。ここで力を緩めてはいけない、やる気を落としてはいけない、無敗記録の夢はこれからも続いてゆかねばならない、そう私は思っていた。まずは選手たちを祝福したが、これで満足してはいけない、もっともっと勝ち続けて、不死身になることが君たちにはできる、私たちにはできる、と伝えた。そして、50試合目になってついに力尽きてしまったが、彼らの中には自分たちが不死身になったという手ごたえが生まれた。それは、集中力と努力と素晴らしいチームスピリットを通じた真の粘りの賜物であった。試合が始まる時、キャンベルは必ず「一つになるぞ」と叫んでいた。結束を固める心の叫び、これが当時の私たちの心境を如実に言い表している。

この49試合無敗記録のことは今でもよく思い出す。１９４９年生まれの私には、50試合目で黒星を喫したことにどこか運命的なものも感じられる。その49試合は私の心に、それぞれの選手の心にしっかりと刻まれている。それは心の支えであり、ここぞという大一番で挙げた白星の感動であり、情熱の勝利であった。

こんな風にあでやかに勝利を収める力量のあるチームは以後も存在したが、何かが欠けていた。どこが違っていたのか比較するにつれ、当時の選手たちのクオリティーの高さや知性、また運にも恵まれていたことをまざまざと感じる。黒星はちょっとしたミスとわずかなエゴイズムによって引き起こされる。

何よりも勝ちたいという欲望に導かれ、チームのためになるものを自覚できる能力を持っていたこうした選手たちは、現在では少なくなっていると思う。それが偉大な選手、本当に優先すべきものを常に重要視できる選手の証であるのは確かだ。私たちが試合前に行うミーティングの意味もそこにあった。

不当極まりない幕切れ

2004年10月24日、アーセナルはマンチェスター・ユナイテッドを相手に2対0で敗れ、49試合ぶりの黒星を喫した。この試合は一生忘れられないだろう。まるで生死をかけていたかのような非常に苦しい試合で、一対一で競り合う場面やファウルも数多く、苛立ちも相当なものだった。試合の主導権を握っていたのはアーセナルだったが、得点を挙げるには至らず、73分、まったく不当なキャンベルへのファウル判定によりペナルティーキックが与えられ、試合の流れは一転した。

試合後、選手たちの間で小競り合いが生じ、それにコーチも加わり、ファーガソン監督はもみくちゃにされ、ファブレガスは頭上に落ちてきたピザの切れ端をファーガソン監督に投げつけた。

アーセナルの敗北、マンチェスター・ユナイテッドへの寛大なペナルティー判定、乱闘にピザ投げ事件と、アーセナルとマンチェスター・ユナイテッドとのライバル関係を語るうえで歴史に残る試合となった。

いずれにしても、この試合は私にとっても選手たちにとっても大きなショックだった。この2対0の黒星からすべてがおかしくなった。選手も私もこれ以上ないほどの不公平さを感じた、不当極まりない黒星であった。幸福で唯一無比の時間、恐怖を感じなかったその時間が終わりを告げたことを実感し、神に守られているようなその状態を取り戻すことは困難だと誰もが思った。

その失望感はあまりにも大きく、以後5試合ではドローや黒星ばかりで、メンバー全員にとって立ち直るのは容易ではなかった。

イングランド人が一人もいない

数か月後、別の試合がイングランドサッカー界に衝撃を与えた。それは2005年2月14日に行われたアーセナル対クリスタル・パレスの一戦で、アーセナルは5対1で勝利を飾った。ところが、試合後のマスコミは、アーセナルの出場メンバーにはイングランド人の選手が一人もいなかった、と騒ぎ立てた。

その日はアシュリー・コールとソル・キャンベルが不在で、出場したのはデニス・ベルカンプ、ホセ・アントニオ・レジェス、コロ・トゥーレ、ティエリ・アンリ、パトリック・ヴィエラ、ローレンといった顔ぶれだった。スタメンの選出をした時、私はそのことにまったく気がつかなかった。

イングランド人が自国への誇りを持ち、そうした類の象徴に敏感なのは知っていたが、記者たちのリアクションとそれに続いて起きた論争には驚いた。私はすっかりやり玉に挙げられてしまい、そうなるのも無理はないと自分自身も少し感じた。

当時のイングランドにはとびぬけた才能を持つ選手が十分におらず、プレミアリーグは相変わらずの高いレベルを保っていたが、若手が育っていなかった。そんな中、国外からの選手たちが旋風を巻き起こし、それがほかの選手の実力アップにつながっていった。なので、マスコミのそうした批判には偏りがあった。

現在、イングランドはプレミアリーグの質の向上に成功しているし、養成所が新たに創設され、増加の一途をたどっている。こうした養成所から巣立つ若い選手の育成も軌道にのっている。養成所は有能なコーチを抱え、非常に良い環境に恵まれた質の高い組織を作り上げた。

以前なら若手はもっぱら学校でサッカーを練習し、ほとんどアマチュアに近い状況のもとで何とかやりくりしていたものであった。イングランドサッカー連盟はそうした状況を踏まえて若手選手の育成に乗り出したのだ。今では若い才能にあふれ、何よりもそのレベルは非常に高い。そこにたどり着くまでには時間がかかったが、私たちも協力を惜しまなかった。

アーセナルの養成所では国外からの若い選手を迎えた。若ければそれだけ早くテクニックを身につけられるし、プレミアリーグのしきたりやイングランドの精神性、文化にすんなりと順応できる。また、イングランド人の選手たちにも良い刺激を与えるだろうと私は思っていた。

こうして、外国人選手がプレミアリーグでプレーを始める頃には、すでに4年ほどのイングランドでの経験があり、イングランド風のプレースタイルを知らないだの理解していないだのと批判をする者は一人もいないのである。国外の選手に門戸を開くことの効果はアーセナルの成功だけに留まらない。どこの出身であるかにかかわらず有能な選手を招き入れ、イングランドの文化と外国の文化をうまくミックスさせることがイングランドサッカーのレベル向上に貢献するだろうと私は確信を持っていた。

2005年当時はまだそうしたことで論争や批判が勃発した。だが私にとってただ一つ大事なのは人間としての質であり、この考えはどんな偏った見方や反対意見に対しても守り抜く所存である。

育成の責任

スポーツには現行の社会の一歩先を行き、従うべき見本を与えてくれる面もある。それがスポーツの持つ役割である。スポーツは実力だけが評価され、報われる唯一の活動だ。この社会的責任は非常に重く、私はその責任に相応しい人間にならなければならないと常々思ってきた。養成所に対して私が大きなこだわりを持つのはそこにも理由がある。

養成所がうまく組織され、きちんと成果が出るようになれば若い才能が台頭する。出身がどこなのかはまったく関係ない。しっかりとした考えを持ち、野心があり、戦略とゆるぎないポリシーを持っていれば、彼らの1軍チーム加入が可能になるのである。繰り返し言うが、選手のやる気、才能、情熱そして鍛錬のみが大事なのである。

若手育成の成功のカギは、まず選手選び、それから各選手の実力向上プログラム、その次に1軍チーム入りへの準備である。今のイングランドの養成所は、初めの二つのポイントにおいては申し分ないが、最後のポイントがかなり弱いというのが私の感想である。

才能ある選手の孤立

非常に若いうちに目をかけられ、特別な訓練を受けることで、才能ある若い選手は次第に孤立し、一般的な社会生活からかけ離れた世界に生きている。また、周囲、とりわけ家族にとっては希望の星だ。金銭的にも重要な役割を果たすかもしれないことから、成功するよう期待をかけられて押しつぶされそうになる。

選手の成長に最適な環境をもたらそうと、クラブは常に生活面のサポート体制を整えているが、難しいのはサポートする時期とひとり立ちさせる時期の間にちょうどよいバランスを見出すことである。トップレベルのスポーツ教育においては、選手の状況判断力と同時に、大きな失望を乗り越えるための精神力も鍛えなければならない。

ジャック・クルヴォワジエとおよそ10年にわたり性格テストを行ってきた中で、選手が開花するかどうかが決まるのはモチベーションの維持にかかっていることに気づいた。そのため、若い選手たちには学び続ける上でのモデルとなる存在が必要となるのだ。そして、成功を収めるには人格的に強力な長所を何か一つ持っていなければならない。人生もキャリアも、そんな、いわば自分の持つ一番大きな特質とともに築き上げていく。私たちは、人間的な徳をすべて備えることなど不可能だからだ。

才能を開花させる上では情報収集能力も重要だ。サッカーという競技は、パスを受け、どう動くべきか判断し、それを首尾よく行うことに集約される。そのことから、選手の間で差が出るのは情報収集能力であることに私たちは気がついた。

プレミアリーグでは、優れた選手はボールを受ける10秒前から4つから6つの情報を得る。トップレベルの選手となると情報の数は8から10にもなる。高いレベルへ若い選手を引き上げるためには、情報収集能力を高めるためのトレーニングが重要である。

努力こそが報われる

監督という仕事をしてきた中で、私はよく批判の矢面《やおもて》に立たされた。そのつど私は批判の根拠となる事柄を考慮しながら、できる限り真摯に受け止めようと心掛けてきた。それがプレーやクラブなどの私が深い信念を持っている事柄であれば、私はいつでも毅然《きぜん》とした態度で向き合おうと思った。

私の下した決断が様々なリアクションや反対の声を巻き起こしたこともあったが、私はそれに、面と向かって対峙できるほど成熟していた。こうして私は自分の進む道を邁進《まいしん》し、自分自身をあまり妥協させることなく職務に打ち込み、表情豊かなサッカーを推し進めてきた。ただしその代償として、下した決断に対する大きな報いや孤独をしっかりと受け入れなければならなかった。

監督という仕事は厳格さを身につけるにはうってつけである。そこには適当に物事をあしらう余地は微塵もなく、ほんの少しでも力を緩めただけでとんだしっぺ返しを食らう。大事なのはプレーとクラブだけ。そうした意味でも、サッカーは社会における一つのモデルとなり得る。いや、なるべきである。

つまり、最も努力したものが正当に評価され、報われるということだ。トップレベルのスポーツ界はこの大原則に基づいており、それは社会の模範となる可能性がある。偉大な選手たちはその情熱、才能、長所、そして熱意をもって人生を築き上げる。そんな彼らは人生のモデルであるし、だからこそ私たちは彼らを愛し、彼らに称賛を惜しまない。

大物選手といえば高級車を乗り回し、高価な腕時計をはめ、美しい女性たちを侍《はべ》らせるといったイメージがありがちだが、私の知っているサッカー、長年にわたってアーセナルで私がこよなく愛したサッカーはそんなものではなかった。選手たちがどれほどの努力をしてそこまで登り詰めたことか。また、まだ20歳か22歳そこそこで、一般人なら多少羽目を外すぐらいは何の問題もない年頃なのに、サッカー選手というだけで途端にマスコミが騒ぎ立てる、そういった部分が表で語られないのは残念である。

こうした状況を前に私が監督としてやるべきことは、それぞれの選手に敬意を持ち続け、彼らが社会的責任を負っていること、模範になり得ることを繰り返し言い聞かせることである。

２００５年に「イングランド人が一人もいない」とマスコミが騒ぎ立てた頃は、プレミアリーグが変わっていく過渡期であった。時は流れ、今では外国人選手たちの作り上げたモデルを、誰もが認めているように思える。彼らがプレーのため、アーセナルのため、プレミアリーグ全体のため、そして勝つためにクラブを支えてきた姿勢が少しずつ認められていったのだ。

ロシアンルーレット

監督という仕事をする上で、私はゆるぎない決意によって導かれていた。それは、外部からの攻撃や試練と向き合う時、何かにチャレンジする時に私をしっかりと守ってくれた。この強い意志が恐怖心を跳ね返し、自分の熱い思いだけに耳を傾けさせてくれたのであった。

アーセナルにいた頃に、この仕事はどこかロシアンルーレットのようだと思ったこともある。試合が始まる前、拳銃に弾を込めて自分のこめかみに当てる、そして試合が始まると引き金を引く。弾が当たらないことを必死に願いながら。

そうした印象を受けた試合はたくさんあるが、中でも2005年5月21日のFAカップ決勝戦、マンチェスター・ユナイテッドとの試合はその最たるものだった。結果はPK戦の末にアーセナルが勝利を飾ったのだが、この試合はまた、試合を決めたパトリック・ヴィエラがユヴェントスへ移籍する前、アーセナルでプレーした最後の試合だった。アーセナルは勝利を挙げたが、マンチェスター・ユナイテッドの戦いぶりも本当に素晴らしかった。

ヴィエラはその1年前、レアル・マドリーからオファーを受けたのだが、クラブはもう1年アーセナルにとどまるよう説得を重ね、彼は承知してくれた。アーセナルで有終の美を飾りたいと願っていたヴィエラにとって、この決勝戦はまさに彼の思いが通じたかのようだった。誰にとっても忘れられない輝かしい思い出であり、また、この優勝も含めてFAカップ優勝回数7回、スーパーカップ7回優勝という、以後いかなる監督も成し遂げていない記録を達成したのだから！

多くの勝利を挙げた2004〜05年シーズン、とりわけこのFAカップで優勝を決めてから、チームにとって一つの時代が終わったことを私は本能的に感じた。以後、アーセナルは当時の看板選手たちを次々と失ってゆく。

まずはヴィエラ、翌年にはピレス、その次はアンリ。彼らは私に世間からの大きな信用をもたらし、クラブのためにその才能と気迫を惜しみなく提供してくれた選手たちである。それに加え、歴史あるハイバリーからエミレーツスタジアムへの移転もあった。前々から準備されていたこととはいえ、やはり辛かった。そうした出来事が同時に重なると、どうしても動揺が生まれる。この時期は以前と比べるとより困難が多かったと言えるが、それは同時に、新しい挑戦の時、新しい才能を開花させる時でもあった。

アンリの移籍

スター選手たちが移籍を希望すると、自分には彼らを引き留めておくことはできないと思い、彼らを失うことを甘んじて受け入れた。非常に厄介な状況だが、クラブはより出費をコントロールする意向を固めていた。新しいスタジアムの建設に着手したことから予算面で特に注意する必要があったし、私は若手中心のチーム作りに向けて政策をシフトしようと考えていて、ベテラン選手たちもそのことをよくわかっていた。

アンリは「監督、自分は31歳です。若手と一緒ではリーグのタイトルは獲れません」と私に言ったことがある。彼が本当に言いたかったのは、自分がかつて威力を発揮していた頃のような強固で経験豊富なチームを作るには時間がかかる、自分はもう31歳で残された時間は限られているし、よりビッグな大会での優勝をもっと経験してみたい、ということであった。

クラブのために全力を尽くしてきた選手たちに対して、「移籍は認めない」と無理やりクラブに留めることは私にはできなかった。彼らが他のクラブへ移籍することによってクラブが収益を上げ、それが新スタジアム建設の費用に充てられることもよくわかっていた。

だから私はこうした移籍に関して、選手たちを悪く思うことなどできない、選手がクラブを去ってゆく姿を見るのもこの仕事をする上では避けて通れない、という具合に、サポーターたちとはまた違った感情を抱いていた。

選手たちはプロである。彼らは常に勝利を目指している。感情論は抜きにして、彼らの身になって考えることが常に必要だ。それに、全力をかけて戦ってきた選手たちの、そんな至極もっともな野心にこれ以上こたえられないのであれば、どうして彼らに対して悪い感情を持つことなどできるだろう。

ヴィエラはユヴェントスへ、アンリはバルセロナへ、ピレスはビジャレアルへと旅立っていった。だがそうした選手たちはいつまでもアーセナルと強く結びつき、アーセナルの名選手としてあり続けるだろう。

サッカーのクラブにとって、最も重要なのはテクニカル部門、いわば戦闘準備の中枢である。クラブの役員たちが同じ考えかというと、必ずしもそうではないのだが、営業部長を変えたからといってクラブが変わるわけではない。一方、アンリがクラブを去るとなれば、それは新しい物語の一ページが始まることを意味する。つまり、サッカーは選手と彼らの高い実力がなければ始まらない。

現在では、選手たちを自由にとっかえひっかえできるとするような風向きもあるが、それはまったくの誤りだ。ヴィエラ、ピレス、アンリを失えば、彼らの代わりなどいはしない。

金銭的な問題で彼らを引き留めることができないことも事実だったが、年齢の壁という問題もあった。いずれにしても彼らはクラブを離れてしまうのだし、今後プレーできる時間もそう長くはなかった。テクニカルな部分は日々絶えず進化してゆくことを余儀なくされる。だからこそ我々は、クラブが大切にしているものやクラブの精神という本質的な部分を守り、後世に伝え、永続させようと努力を重ねながら新しい物語を書き始めるのである。

ハイバリーよさらば

クラブ、チーム、そして私にとって、その新しい物語は新スタジアムの建設という形にもなって現れた。２００６年5月7日、ハイバリーでの最後の試合が行われたのだ。

対戦相手はウィガンで、試合はピレスの1得点と、ペナルティーを一つ含むアンリのハットトリックにより、4対2でアーセナルが快勝した。前半終了時には2対1でリードされていた後の見事な逆転劇だった。この時の感動はとてつもなく大きく、とりわけこれまでチームの顔といった存在で、やがて他のクラブへと移籍することがわかっていた選手たちにとっては尚更であった。

　試合後のさよならセレモニーでは、アーセナルの大ファンである元ザ・フーのロジャー・ダルトリーが招かれ、彼はこのセレモニーのために特別に作った歌を披露した。このスタジアムには喜怒哀楽様々な感情が凝縮されていただけに、私の心は寂しさで一杯だった。

　ハイバリーを離れてから何年たっても、そして現在でもたまに、ひとり車を飛ばしてその跡地の前を通ることがある。今では観客席の四つのブロックが住宅となった。各住宅の窓は通りではなく中庭、つまり以前のピッチ側に面している。ここの物件を買おうかどうか悩んだが、自分にはあまりに悲しくて住めないだろうと思った。

　新スタジアムの建設にあたってクラブは常に資金を必要としていて、ハイバリーの一部を住宅にするという計画も、エミレーツスタジアム建設計画の資金繰りの一環だった。我々はこうして、当時イングランドで最大の不動産業者になった。

　2008年にロンドンで不動産バブルがはじけた時、ハイバリーの住宅の売れ行きが悪くなり、非常に危機的な状況に陥った。価格を下げ、サッカーで得た利益の一部を不動産部門へあてがうことをも強いられた。やがて不動産危機も落ち着き、住宅のみならず周辺のクラブ所有地の売却も進み、何とか困難を乗り越えたのであった。

　ハイバリーを離れ、その消失に立ち会うというのは心が締めつけられるような思いだった。だが我々には選択の余地がなかった。以前のスタジアムの収容人数はわずか3万8000人で、試合のたびにキャンセル待ちの長い行列ができていたのである。まるで来る客を拒むことを強いられた店のようだった。

新スタジアムの建設予定地は、当初はハイバリーのすぐ近所で探していたのだが、結局は別の場所へと落ち着いた。建設費用は2億2000万ポンドが予定されていたが、最終的には3億9000万ポンドにまで膨れ上がった。建設地の価格だけでも1億2800万ポンド。まずはその場所にあった企業をよそへ移動させることから始まり、スタジアム建設そのものにかかる費用はあっという間に跳ね上がった。当時、スタジアム建設で1座席あたりにかかった費用は4000ポンドで、新スタジアムの座席数は6万であった。

そんなわけで私たちは銀行の力に頼らざるを得なくなった。この長期的な投資計画はクラブにとって重要であり、その計画にはまた大きな制約が付随していた。銀行は保証金に加え、クラブ予算の内、雇用者賃金に充てる割合を50パーセントに制限することを要求した。また、テクニカル面での保証として、クラブが私と今後5年間の契約を結ぶことも銀行は要求した。

こうして、新スタジアム建設計画は私自身と密接なかかわりを持つことになったのである。それも長期にわたって。アーセナルでの10年目を終えたばかりの私は、地雷だらけの5年契約を結ばされたわけだ。

だが本当のことを言うと、私はそれに非常に満足していた。アーセナルは私のクラブであり、私の人生そのものだったからだ。ずっと以前、50歳になったら引退しようかなと妻に話したことを今でも覚えているが、結局69歳までこの仕事を続けることになった。これもまた私のサッカー熱を如実に表している。

私にとってそれはまったく犠牲などではなかった。再び以前のように働き、アーセナルが現代サッカー界の流れに沿った組織となる手伝いをすることに大いに喜びを感じていた。新スタジアムの建設により、クラブに新たな広がりをもたらすという任務をしっかりと果たすことができた。それも監督の役目の一つだと思っていた。加えて、私はその計画を予定期間内に実現するというとてつもない幸運にも恵まれた。

ハイバリーに別れを告げた日には、これから私たちが達成すべきことについて何も考えられなかった。ほとんど自分の家ともいえる場所にサヨナラしなければならなかったのだから。寂しかったし、このスタジアムで体験してきた大きな喜びを思い返して胸が一杯だった。

ハイバリーにはスピリットがあった。私たちの前にここで活躍した人々のスピリット、私たちがここにもたらそうと願ったスピリットが。私はそれをひしひしと感じ、このスタジアムを失えば、まったく同じようなスピリットはもう他のどこにも見い出せないこともわかっていた。

それはまるで、機能性に欠け、ろくに暖房も効かないのに、何とも居心地がよく、リラックスできる古い家から、超現代的で住みやすさは抜群だが、まだどこか他人の家のように感じる新築の家に移り住むようなものであった。かつてのハイバリーを知っている人々なら誰でも、私のようにどこかノスタルジックな思いを抱えていて、それは今後も変わらないだろう。これからの世代は感じることのないそのノスタルジー。

とはいえ、エミレーツスタジアムは気に入っている。このスタジアムは絶対に建設する必要があったし、このスタジアムとここから得られる利益はクラブの将来の財政にとって必要不可欠なものだった。今ではすっかりアーセナルのホームとして定着したエミレーツスタジアムを私は誇りに思っている。

スタジアム建設工事とその膨大な費用のせいで何年もの間クラブが野心を抑え込まねばならなかったことから、サポーターたちがこの新スタジアムに対して愛憎交じり合う感情を抱いていたこともよく知っている。だが、未来は次なる世代の肩にかかっている。心機一転、今ではクラブの財政状況も安定し、クラブは以前のような野心を取り戻し、サポーターたちも彼らのスタジアムを自慢に思っているはずだ。

バルセロナとのCL決勝

ハイバリーとの別れで胸を熱くしたその数日後、アーセナルはパリのスタッド・ド・フランス競技場でチャンピオンズリーグ決勝戦、バルセロナとの試合に挑んだ。選手たちにとってはこれまでの多大な努力が結実した、世紀の決戦であった。レアル・マドリー、ユヴェントス、ビジャレアルといった錚々たるクラブを次々と撃沈し、アーセナルはついにこの檜舞台に登り詰めた。

アーセナルの歴史を紐解いてみると、私が監督に就任する以前、ヨーロピアンカップに2回出場したが、その大会がチャンピオンズリーグとなってからは一度も出場したことがなかったと思う。決勝進出はまさに私の目標だった。アーセナルは鍛錬の甲斐あって少しずつこの大会の常連となり、グループステージを突破して決勝トーナメントに進出することも多くなった。最終的には19大会連続して出場し、成績の面ではこの決勝進出を頂点に、準決勝や準々決勝にまで進出したこともあった。

チャンピオンズリーグで優勝することはクラブに大いに箔《はく》をつけるものだったが、現在ではあまりそうとは言えないかもしれない。むしろ、プレミアリーグでタイトルを獲る方がチャンピオンズリーグで優勝するよりも難しいのではないか。

当時のヨーロッパサッカー界はレアル、バルサ、バイエルンの三強独占状態だった。アーセナルはどう転んでも抽選で、バルサかバイエルンと対決することになるのだった。

私はアーセナルを率いてFAカップの決勝戦に8度進出し、うち7回で優勝を飾ったが、欧州レベルの舞台では、何か呪いでもかけられているかのように、常にタイトルを逃した。

チャンピオンズリーグで敗退を決めた試合は、どれも特異な状況下で行われたもので、いまだに何か引っかかるものを感じている。中でも、最も無念で二度と見たくない試合はやはりこの2006年のバルサとの決勝戦である。

決勝トーナメントでは、アーセナルはそれまで無失点を続けてきた。決勝トーナメント1回戦ではジダン、ロナウド、ベッカム、ラウールといった巨人たちが勢ぞろいしたレアルが相手で、第1戦では白星、第2戦では引き分けた。

準々決勝の相手ユヴェントスにはトレゼゲ、ヴィエラ、イブラヒモビッチ、エメルソン、テュラム、ブッフォンといった、これまた強力な顔ぶれがそろっていた。結果はホームでの第1戦で2対0と白星を飾り、アウェーでの第2戦では引き分けに持ち込んだ。

準決勝のビジャレアル戦では、コロ・トゥーレがホームでの第1戦で決勝点を挙げ、第2戦ではレーマンが相手のフリーキックをしっかりとセーブし、文字通りアーセナルの救世主となった。

だが決勝戦でレーマンの身に悲劇が、運命のいたずらが襲い掛かる。スポーツには意外な展開や形勢の逆転といったものがつきものであるが、決勝進出を可能にさせてくれた彼が、晴れの決勝戦において18分で退場処分を受けるとは。レーマンは自分の犯したファウルを一生悔やみ続けるに違いない。彼にとって最悪の思い出であろうが、彼には何の罪もない。とにかくレーマンは退場させられた。

こうしてアーセナルはチャンピオンズリーグ決勝という大舞台で、前半のそれも序盤から10人で戦うことになった。困難な状況だが、ここは素早く決断を下さねばならない。そこで私は20分にピレスをベンチに下げ、GKマヌエル・アルムニアを投入した。

ピレスにとっては噴飯ものだとわかっていたが、この決断はやむを得なかった。とにかくディフェンスを固め、カウンターで攻撃するしか道はなかった。ピレスは当時32歳で、大きな手術を受けた後でもあり、優れた選手であることには変わりなかったが、２００２年当時の彼の威力はもう影を潜めていた。

彼にとってどんなに残酷な処置であろうとも、私はそれを実行しなければならなかった。また、私はその決断を早急に下すことを強いられていた。この仕事ではとにかく迅速な行動が求められる。

数の上では不利な状況にあったとはいえ、アーセナルはアンリのアシストを受けたキャンベルが先制点を挙げた。だが後半に入り、サミュエル・エトーとジュリアーノ・ベレッチにゴールを奪われ、アーセナルは敗れた。まったく不愉快な思い出であり、今でも不満でたまらない。これもまた、一部の選手の移籍、スタジアム移転、一つの時代の終焉と共に、このシーズンを印象づけた事件であった。

痛恨極まりない傷

もしチャンピオンズリーグで優勝できていたら、すべての選手たちの努力、また新スタジアム建設にかけたクラブの努力に報いることができたはずだ。アーセナルが挑んできた冒険に、またとない有終の美をもたらしたことだろう。やり残した気持ちの残る冒険であった。

これ以後、アーセナルはまだその栄誉に浴していないが、私は今のアーセナルなら十分にタイトルを狙える位置にいると思う。財政状態も良好であるのだから、今度はテクニカル面でさらに充実を図ることが第一である。

もし後悔というものが、私の望んでいたことと実際に起こったこととの差の大きさであるのなら、この場合の後悔は果てしなく大きい。

しかし私は今になってわかる。毎年のようにリーグ戦もすべてのカップ戦でも優勝していたら後悔などしないのだろうか。いや違う。私たちはある特定の選手、ある決断、うまく改良できなかったテクニック面でのエラー、ハーフタイムで私がすべきだったのにできなかったアドバイス、そうしたものに対して後悔の念を抱くのである。そして私は、今でも成長するために、自分自身をしっかり見つめなおす能力を持っていたいと思っている。

この決勝戦は個人的に痛恨極まりない傷だったが、その2006年、アーセナルは新しいスタジアムへと移る節目にあった。敗北は過去のものとして葬り去り、新たな多くの挑戦に向かってゆかねばならない。そのためには全員が恐れずに前を向き、全身全霊をかけて戦いに挑むことが求められていた。

エミレーツスタジアムとオファー

2006年8月19日、シーズン第1節のアストン・ヴィラ戦が、ついに完成したエミレーツスタジアムで行われた。新しい時代が始まろうとしていた。

財政面での問題でがんじがらめになっていたアーセナルは、出費を抑え、わずかな金額も無駄にしないよう目を光らせる一方で、これまで以上に資金力をつけてきたクラブに立ち向かわなければならなかった。この頃はクラブがもっとも危機にさらされた、デリケートかつ危機的な時期だった。

7年間もの間、あの手この手で何とかやり抜くことを第一に考え、最大限に気を引き締め、そんな中でチームにとってベストな状態を引き出す必要があった。この時期は、チームの成績は以前ほど芳しくなかったが、逆に私が最も精力的に職務に力を注いだ時期であった。

多くのクラブ、それも名門と言われるクラブからも多数のオファーがあったが、私はそれをすべて断り、個人的な野心を封印した。ユヴェントス、レアル・マドリー、PSGから声がかかり、バイエルン・ミュンヘン、フランス代表、イングランド代表などもそれに続いた。

こうして今振り返ってみると、さらに大きな栄誉と高い報酬を得る可能性のあったそれらのオファーに対してノーと言えたことに、そしてただクラブへの奉仕精神によってこの時期を堂々と過ごせたことに概ね満足している自分がいる。そして、アーセナルのサポーターたちがそれを理解してくれたことが何よりもうれしい。私の心はもうすっかりアーセナルのシンボルカラー、赤と白に染まっていたのである。

CL出場権

2007〜08年シーズンのアーセナルは、シーズンの4分の3近くの間プレミアリーグで首位を走り、終盤のバーミンガム戦でのドローで力尽きた。結果はマンチェスター・ユナイテッドとチェルシーに後塵を拝し、勝ち点83で3位に終わった。

エミレーツスタジアムにかかった費用を返済するには、5年間で少なくとも3回はチャンピオンズリーグの出場権を獲得し、年間を通じて1試合ごとに平均5万4000人の観客を動員させなければならなかった。結果的に、アーセナルはチャンピオンズリーグに5回とも出場し、平均観客数は6万人を記録した。

毎年4月頃になると、チャンピオンズリーグに出場できないかもしれないと不安になり眠れないこともあった。緊張感は極限に達し、シーズン最後の試合が終わると、まるで優勝でも決めたかのようにうれしくて歌いだしてしまったものである。それがクラブにとってどれほどの死活問題であったのか、私は誰よりもよく知っていたし、必ずやり遂げてみせると心に誓っていた。

アーセナルはチャンピオンズリーグに19大会連続出場を記録することになるのだが、この記録に匹敵する連続出場を果たしているのは、レアルとマンチェスター・ユナイテッドだけである。

シーズン最後の数試合で辛うじて出場権を獲得したことも時にはあった。だが、プレミアリーグ優勝3回、2位6回、3位5回、4位6回という結果は、クラブがいかに安定していたのかを証明している。

少しずつ、1年が過ぎるごとに借金の返済、そして新たなチーム作りは順調に進んでいった。私たちに足りなかったのは収益の著しい増加と主要な選手たちの経験であった。

ファブレガス、ナスリ、ウィルシャー、若手中心のチーム

こんなことを言えば矛盾しているように思われるかもしれないし、無敵艦隊時代のアーセナルの姿に固執しているサッカージャーナリストたちは尚更そう感じるかもしれないが、この頃のチームは本当に素晴らしかった。選手は若手が中心で、16歳でデビューさせたファブレガスや2008年にアーセナル史上最も若くしてデビューしたジャック・ウィルシャー、同じ2008年に21歳でプレミアリーグデビューしたナスリのように、非常に若い選手もいた。とはいえ、彼らはフレブ、ガラス、ロシツキーといった才能と経験を持ち合わせた選手たちからしっかりと支えられていた。

16歳から21歳の選手と24歳から28歳の選手では、プレーヤーとしても、そしてまたチームへの貢献度にも違いがある。我々にはここ一番の大勝負という時に、円熟、経験、落ち着き具合といったものが足りなかった。試合に負けた原因はほんの些細なことで、それは常に経験の少なさと結びついていた。未来のクラブを築き上げようとする際、そしてフレッシュな基盤で再出発を図る際、それは避けて通れない道である。

銀行への莫大な借金のせいで、クラブには選手獲得に出せる資金が少なくなり、そうして私たちは若手に目を向けたのである。その一方で、チェルシーやマンチェスター・ユナイテッドといった、外部でのスポンサー契約を収入源に豊富な資金を得た他のクラブは欲しい選手を次々と獲得し、アーセナルの選手も獲得していった。

そんな状況は大変辛かったが、私はある程度覚悟していた。何が何でもクラブの持つ予算内で済

ませ、債務履行契約を守らねばならなかったからである。

クラブの予算は厳重に監視され、選手獲得の際には報酬額について熱い交渉が繰り広げられた。クラブで働く者の給与全体の額がクラブの予算の50パーセントを超えないようにやりくりする必要に迫られた。選手の売却が成立した時に限りその金額を自由に使うことができたが、本当にその場合だけだったのである。

そんな金銭面での不自由さにもかかわらず、激戦のプレミアリーグで常に上位4位以内という成績を挙げ、チームは効率の良さを維持し続けた。それは私にとって最も重要なことであった。

今思うと、この予算縮小、何の問題もなく金を借りられるクラブとの対峙、そしてまた、これは私の性格や信念とも一致するのだが、むやみに浪費せず収入に見合った出費をするという心掛け、そうしたものが私にたくさんのことを教えてくれた。クラブの発展に向けて野心的な計画を選んだのだからそうした結果に行き着くのは当然であり、私には至極道理にかなったことであると思えた。

デインの退陣

この時期の私は精力的に働き、いろいろなことに耐え続けていた。それはたとえばメディアの圧力だった。サポーターからの圧力もあった。彼らは以前のような好成績を挙げることを求めたり、当時のクラブの挙げた成果を必ずしも好意的に受け止めることができず、肩を落としていた。

そんな厳しい時期に追い打ちをかけるように、非常にショックな出来事があった。親友ディヴィッド・デインの退陣である。

彼は私に監督を任せてくれた人間であり、私が最高のコンビを組んだ相手。互いにその役割を尊重し、足りない部分を補い合い、私たちは無比の関係を築いてきた。

デインは、後の2008年から重役を務め、今はクラブの筆頭株主であるアメリカ人の実業家スタン・クロエンケを首脳部に加えようとしたことで、クラブ幹部らとの間に軋轢《あつれき》を生んでいた。

デインは革新的で驚くほど根気が強く、その懐の深さと人間関係を築く力は並外れていた。彼はクラブを去る時、その持ち株をロシアの新興財閥アリシェル・ウスマノフに売却した。

デインの退陣により、私はこれからクラブが様変わりするだろうと感じた。アーセナルのスピリットはいつまでも続くだろうが、サッカー界は進化し、経営者は変わっていくだろう。監督としての私の人生はそれほど変化しないかもしれないが、経営に携わる人間としての人生においてはまったく異なるものになるだろうと思った。

デインとの交流はその後ももちろん続いている。彼はクラブからは遠ざかったがサッカーとの縁はまったく薄れていない。今でも頻繁にかつての選手たちと夕食を共にし、試合観戦にも出かけ、変わらぬ情熱をもってサッカーと接し続けている。そんな中で彼はある協会を立ち上げ、学校や刑務所への働きかけを行っている。彼は週に2回、選手、監督、プレミアリーグのクラブのスタッフらを刑務所へ招き、囚人たちの更生を手助けするという立派なプログラムの発起人なのである。このプログラムは次第に拡大し、今ではイングランドの107の刑務所で実施されている。

ヒル=ウッド家から米実業家クロエンケへ

私がアーセナルの監督に就任した時、クラブは代々ヒル=ウッド家が所有していた。だが、ピーター・ヒル=ウッドは株の過半数を所有しておらず、1992年にクラブの首脳陣に加わったダニー・フィズマン、そしてカーという一家が株を所有していた。加えて、1株か2株だけ持っているサポーターもいる。彼らと道端であって立ち話をすると、アーセナルをまるで自分の家や家族のことのように思っているのがわかる。

監督就任当時のアーセナルの株は800ポンドであったが、価格はそれから上昇し続け、私がクラブを去った頃には1万7000ポンドに達していた。以後、クラブの収益と新スタジアム建設による負債の減少により、その値段はさらに上昇した。私はこうした財政面での安定を図るためにあがき続け、クラブはそれを遂に成し遂げたのである。

地元イングランドの家族が所有していたクラブは、その資本を国外の投資家に向けて大きく開放するようになった。2010年に健康上の理由で辞任したダニー・フィズマンの所有株をアメリカ人実業家のスタン・クロエンケが買い取り、筆頭株主への第一歩を踏み出すと、ウスマノフ、クロエンケ、そして昔からのイングランド人株主との間のライバル関係は今後激しくなると思われた。それから数年がたち、ウスマノフが2018年に彼の持ち株をクロエンケに売却し、クロエンケはアーセナル株の97パーセントを所有してこの争いで勝利を収めた。アーセナルはまたその頃、イヴァン・ガジディスを迎え、今後のクラブ組織運営を軌道に乗せるという特命を彼に下した。

燃え尽き症候群

2006〜07年のシーズンが終わった後、私は家族と共にイタリアで休暇を過ごしたのだが、気分は落ち込み、心労が激しかった。クラブへの忠誠、今後私たちが引き続き行わねばならないこと、どんな時も私を支えてくれたディンとの友情といったものの間で板挟みになっていたからである。ディンとはたくさんの試練や冒険を共にし、私が監督としてここにやってきた時、栄誉を手にした時、また、新スタジアム建設を決定する際、プレミアリーグの質の向上を図る際にも、常にそばにいてくれた。

その休暇は今でも思い出すと辛い。疲れ果て、こんなにがむしゃらに仕事をして一体何になるのだろうかと悩んだ。ディンは私に、クラブに残りクラブにとって有益となることだけを考えていてほしいと依頼したが、それだけでは私の気持ちはおさまらなかった。一種の燃え尽き症候群である。

そこで私に救いの手を差し伸べてくれたのがヤン・ルジエ医師であった。私は自らの情熱にすべてをかけたサムライとでも言おうか、何事にも全力投球で、たとえ体調が悪くても突進し、手加減というものをあまり知らなかった。自分をコントロールすることで鎧《よろい》を身につけることを覚えたのは良かったが、実際の心の中では嵐が吹き荒れていた。そんな嵐が休暇中に一気に噴出したのであった。

休暇を終えてアーセナルの元に戻ると、そんな心身の疲労はどこか遠い昔のことのように消え去り、すぐさま気力を取り戻して、サッカーへの情熱も以前のままだった。しかし、その情熱には周囲にも自分自身にも払うべき代償があるという実感はより強くなった。自らの意思で受け入れ、望んだ代償だが、それによって心が折れたり自信をなくしたりすることもあるのだ。

巨大化するクラブ

クラブの上層部で激しい対立やライバル関係が勃発して不安定だったこの頃、私はできる限りそうした所から離れ、次の試合やチームの再編にのみ集中しようと努めた。

当時のアーセナルは全世界のサッカー界の出来事をよく反映していた。サッカーのあり方が進化し、我々もその流れに沿っていたということである。クラブは少しずつ国外の経営者に買収され、プレミアリーグはもうイングランド人のものではなくなっていった。

1996年当時、私はプレミアリーグで唯一の外国人監督であり、それが世間に起こした波紋は誰もがよく覚えている。今日ではクラブオーナー同様、監督の国籍も様々であり、変わらないのはファンやサポーターたちだけである。

サポーターであったオーナーは、投資家のオーナーへと徐々に変化していった。そうした新しい流れから、すべてのクラブは企業となり、アーセナルもその例にもれることはなかった。人間味のある部分が失われ、あるいは著しく縮小していった。

組織はだんだん巨大化した。チーム、選手、養成所といったテクニカルな面が占める部分はわずかで、その代わりに経営、マーケティング、メディア部門が幅を利かせるようになってきた。私がアーセナルに来た時、社員の数は70人か80人そこらであったのが、やがて200人、400人と膨れ上がり、私がアーセナルを離れた2018年にはその数は700人にまで達していた。そして、養成所では200人以上を抱えていた。

クラブが、またその組織があまりにも大きくなりすぎると、各人が自分の利益を守ろうと考えることからクラブの伝統精神やパフォーマンスが失われ、何事にも足踏みをしてしまうというリスクがある。そうして、真の改革や冒険ができなくなるという結果を生むのである。

純粋にテクニカルな面に費やす時間は限られるようになり、私のフラストレーションは高まった。実際は任務を遂行していても、まるで自分の仕事を邪魔されているような気がした。私は何とか自分がひとりきりになれる時間を毎日確保し、チームにも選手たちだけの場所を維持しようと努めたが、選手たちも私もいろんな場所に引っ張りだこであった。

それはもう私たちの本来の姿を見せるためではなく、人々が普及させたい私たちのイメージのためであり、それは当然のことながらクラブのあり方に大きく反映される。ディヴィッド・ベッカムはメディアのアイコンとなった最初の選手の一人であり、多くのクラブがその例に倣って所属する選手たちのイメージアップに力を入れるようになったのである。

クラブを買収した投資家たちは、クラブが好調で利益を上げることを望む。家族経営で同時にサポーターでもあった、かつての所有者が優先したものと、投資家が優先するものは同じではない。サッカー界全体が商業化へ舵を取りつつある。地方の一企業が世界的規模の企業となり、サッカーは巨大なビジネスというイメージが全世界的に広がり、そうした部分が競技面よりもクローズアップされている。

アメリカと中国が大きな影響力を持つようになり、とりわけテレビ放映権による収益が爆発的に上昇し、何もかもすっかり様変わりした。2019年にアーセナルがテレビ放映権で挙げた収益は1億8000万ポンドだという。新スタジアム建設の借金返済額が年間1500万ポンドだったことを考えると、その額がいかにちっぽけなものであったかがわかる。

この間の経緯を振り返ると、国内の放映権の額が行きつくところまで行ったところで、国外での放映権が高騰していった。アジア各国とアメリカがプレミアリーグの放映権を獲得したのだ。このため私たちは、国内だけでなく国外に対してもイメージに気を配り、私も世界中あちこち飛んで回ることとなったのだ。

北京の大学で講演会を開いた時など、講堂には赤と白のアーセナルカラーに身を包んだ学生たちが大挙して詰めかけていた。クラブの歴史などについては私よりも詳しく、中には私の好きなお茶のメーカーまで知っている者もいた。彼らのうちで実際にエミレーツスタジアムに足を運んだことがあったのは一人か二人だけだったが、皆とても熱心なサポーターであった。

移籍市場、今昔

アーセナルほどの組織の経営に携わるとなると、本当にいろいろなことに着手しなければならず、絶えず走り回っている気がして、不満だらけになってしまう。人事部の創設によって何もかも縦割りになった。これは、高速道路わきの駐車場で人生最初の選手獲得を行い、瞬時のひらめきで物事の決断を下す私のような監督にとってはあまり面白くない。

移籍市場の変化は、この仕事がいかに変貌を遂げたかを如実に表している。現在では何もかも手はずがばっちりと整えられ、取引される金額も膨大で、明確な規則がある。以前の契約交渉はもっと即興的だった。移籍に関しては私と一緒にデインが担当していたのだが、かつてはびっくりするような状況に直面したことが何度かあった。

1999年にブラジルのクラブ、コリンチャンスからシウヴィーニョを獲得したアーセナルは翌2000年、エマニュエル・プティの穴埋めとして同じクラブのエドゥを呼び寄せようと計画していた。ところがある日、シウヴィーニョから「大変！　エドゥが刑務所にぶち込まれた！」という電話を受けた。エドゥは偽造のポルトガルのパスポートを使って入国しようとしてロンドンの空港で足止めされ、そのままブラジルへと送り返されたのである。結局、契約交渉をやり直し、エドゥは正規のパスポートを手に入れ、ようやく2001年になってアーセナルの門をくぐることになった。

シウヴィーニョもエドゥと同じように入国検査を受けたので、彼のパスポートは正規のものであったはずだが、私はどうも今一つ確信が持てなかった。そこで私が入国審査を受ける際、シウヴィーニョを私の隣に呼び寄せて一緒に審査を通過したことが幾度かあり、こうしてシウヴィーニョは入国に関するトラブルとは無縁だったのである。そのシーズン末、アーセナルはシウヴィーニョをスペインのセルタ・ビゴに放出し、彼はその後バルセロナで活躍した。

何はともあれ、監督とは正真正銘の何でも屋であり、どんな類の状況にも対応しなければならないのである。

デインの退陣後、私はイヴァン・ガジディスとデック・ロウとの3人でチームを組んだ。彼らとの協力関係は私にとって非常に重要で、我々3人は移籍市場が様変わりする場面に立ち会うこととなった。また、UEFAは2010年、クラブが持ち合わせている以上の金を出費することを妨げるファイナンシャルフェアプレー規則を導入したことも言及しておこう。この規則のおかげで私たちは、他のクラブとより互角に渡り合えるようになった。

ナスリ、ファブレガス……充実する選手層

その数年間、私がとりわけ気にかけていたことがある。それは私が最も大切にしていたテクニカルな部分において、アーセナルの精神が変わらずに存在し続けることであった。テクニカル面が充実していたからこそ、私たちは長い間、強力な選手たちを抱えるクラブと正面から向き合い、常に戦闘態勢を保ち、次世代の育成に努め、死ぬ気で渡り合い、戦い抜くことができた。このことはい

つまでも私の自慢となるだろう。

アーセナルが変化していったこの時期、自分たちの精神を維持し続け、若い世代を育て続けることの重要さもひしひしと感じていた。

若い世代は技術面でのクオリティーは高かったが、アーセナルでプレーするだけのメンタル面での強さは持ち合わせていなかった。彼らはクラブに支えられていたのであって、その逆ではなかった。そのため、アーセナルを離れた多くの選手がトップレベルから姿を消したのだ。

クラブのポリシーを確固たるものとし、チームの結束を固めるため、シーズンの初めには必ず、一種のアーセナル憲章とも言える条文を皆でしたためた。選手たちを5人ずつの班に分け、自分たちのプレースタイルや立居振舞に関して重要と思えることを書き出してもらったのである。

時間に対する考え、将来に対する考え、礼儀正しさ、人を敬う心などが、その人が受けた教育や文化的な背景によって異なるのはよく知られている。毎シーズン、このアーセナル憲章をしたためることで、我々は同じ価値観を持ち、それを共有し合い、自分に対して求められることを明確に知り、団結を深めていったのである。

こうして私は、栄光の無敵艦隊の次なる担い手となるべき選手の育成を手掛け、ロビン・ファン・ペルシ、セスク・ファブレガス、サミール・ナスリ、エマニュエル・エブエ、アレックス・ソング、ガラス、フレブ、ロシツキー、ローラン・コシールニーといった素晴らしい選手たちに恵まれた。

コシールニーは2010年にロリアンから引き抜いた選手で、彼はその後順調にキャリアを積み、フランス代表でも活躍を見せた。

彼らはその上の世代の選手たちと同じようなクオリティーの高いプレーを展開し、才能も申し分なく、その考え方も大変興味深かったが、立ちはだかる強力な敵を前にした、ここぞという決定的な場面での成熟さに欠けていた。

タイトルとは無縁だったこの時期、チェルシー、マンチェスター・シティ、マンチェスター・ユナイテッドが三つ巴のトップ争いを繰り広げていたが、アーセナルはこうした選手たちのおかげで彼らの間に食い込み、激しいリーグ戦で常に4位内に入るという結果を出した。

アーセナルと言えばやはりあの無敵艦隊時代が強烈な印象を残しているのは確かだが、今こうして振り返ると、この頃の彼らが成し遂げたことにはとてつもない困難が伴っていたと私は思う。プレミアリーグで常に上位4位内に入ってチャンピオンズリーグへの出場権を獲得し、グループリーグを突破して、なおかつクラブの予算は程よくバランスを保っていたのだから、まったく驚異的と言えるだろう。ディフェンス面では以前のような強固さや効率の良さはなかったが、プレースタイルは美しく、それは対戦相手も認めるところであり、私も彼らの出来にとても満足していた。

なので、アーセナルではどうあがいても手の届かないタイトルを獲得したい、と選手が移籍を希望しているのを感じた時、私は辛かった。アンリ、ヴィエラ、ピレスが去った時以上に辛かった。この3人はアーセナルで全力を出し、30代に入ってからクラブを去ったのだが、この時期は選手たちがクラブを去る年齢層が22歳から25歳の間へと低下していた。まるで、実がなる前に収穫をしてしまうようなものである。だが、ライバルクラブからのオファーの額は莫大で、アーセナルにはとても太刀打ちできなかった。

２０１１年にはサミール・ナスリがマンチェスター・シティへ、そしてセスク・ファブレガスが出身地のバルセロナでキャプテンを務めるようになり、アーセナルは二人の強力な柱を失うことになった。時間とエネルギーを費やして育て上げた選手を手放すのは非常に残念な思いであった。

ファン・ペルシ

翌２０１２年、今度はファン・ペルシがマンチェスター・ユナイテッドへ移籍した。

私が彼を獲得したのは２００４年、まだロッテルダムのフェイエノールトの控えチームでプレーしていた時だった。彼を薦めてくれたのは、オランダにいた友人とダミアン・コモリだ。コモリは１９９２年当時ＡＳモナコの16歳以下ユースチームで監督をしていて、１９９８年から２００４年まではアーセナルのスカウトマンを務めていた。

私はファン・ペルシにテクニカル面でのテストをしてみたが、結果はそれほどでもなく、何よりもフィジカル面のテストでは落第点だった。しかし、後で彼と話をしてみて、プレーにかける大きな情熱や分析力の鋭さ、自分の弱点と長所をしっかり把握する能力に長けている部分が見てとれたので、彼を獲得することを決めたのである。

最初のうちは少し傲慢なところや、ひとりよがりなプレーをするところがあり、チームの中でそういった姿勢はあってはならないと思う私との間でしばしば衝突が起きた。アンリと性格は正反対で、二人の関係性も微妙だった。

トレーニングの時、私は彼にもっとシンプルにプレーするように促し続けた。彼の力は何と言ってもそのボールさばきで、やがて眼を見張るほど成長していった。彼は優雅さを兼ね備えた選手であり、芸術家である。その凛とした美しさは計り知れず、私に言わせればやや過小評価されている選手の一人である。

私はファン・ペルシをセンターフォワードに置いた。彼はファブレガス、ナスリと組んで高度なテクニックで素晴らしい試合ぶりを見せてくれた。彼は2008〜09年のプレミアリーグのベストパサーという栄誉を受けている。また当時のファン・ペルシは、デニス・ベルカンプもかつて背負った背番号10をつけ、2011〜12年のプレミアリーグでは30得点という大活躍を遂げ、リーグ最優秀選手賞を受賞した。

一方チームに大きなショックを与えたこともある。2011年チャンピオンズリーグ決勝トーナメントラウンド16のバルセロナ戦で、審判がオフサイドのホイッスルをならした後にゴールを決めたという遅延行為により、ファン・ペルシは不当に退場処分にさせられた。彼が退場させられる前までは1対1だったのに、それから逆転されてバルサが3対1で勝利を挙げたのである。

2012年、彼はアーセナルとの契約を更新しない意向を私に明らかにした。強豪クラブの垂涎の的であった彼はマンチェスター・ユナイテッドへ売却された。そのことで私はサポーターたちから恨みを買ったが、私にはどうすることもできなかった。2400万ポンドという、まだ契約が1年残っている選手としては当時では破格の金額で私が交渉を成立させたのは、クラブのためだけを思ってのことだった。

マンチェスター・ユナイテッドとの関係、そしてアレックス・ファーガソン監督との関係はだいぶ良好になっていたが、移籍交渉となると話は別で、両者とも譲らず、ポーカーのような駆け引きが繰り広げられた。ファン・ペルシにとって、マンチェスター・ユナイテッドでの最初の半年間は順風満帆だった。チームをタイトルレースへと順当に導き、アーセナルを苦しめた。だが、2年が経過して今度は4年の契約を交わしてからは負傷に悩まされ、マンチェスター・ユナイテッドは彼をトルコのフェネルバフチェへと売却した。アーセナルに戻りたいと彼から電話を受けたことがあったが、時すでに遅し。彼はもうそのキャリアを終えようとしていたし、アーセナルは若手中心のチーム作りに力を入れていたからであった。

ファン・ペルシがクラブを去った同じ年、アレックス・ソングはバルサへと移籍した。彼もまたアーセナルを去りたがっていて、私たちと共にプレーする気力を失っていた。

とはいえ、こうした選手たちもまた、私にとっては今でもアーセナル・ファミリーの一員である。彼らならではのサッカーを繰り広げ、そのキャリアで最も輝かしい時代をここで過ごしてきたのだから。

クラブの間で経済力の差が大きく開いてしまうと、選手たちもまた、彼らが好調な時には他のクラブでもっと大きな契約を結べるのではないかと思い描く。その結果、自分の利益が優先され、クラブに対する貢献は二の次になってしまうのである。

ジルー、カソルラ

プレミアリーグのタイトルとは無縁だったこの時期、栄冠を逃した理由はほんの些細なことや弱さ、注意力や成熟度の不足、時には少々のエゴイズムといったものだった。それでもアーセナルは当時最強のクラブと遜色なく戦い抜いた。そして引き続き、クラブの精神や特色、そしてテクニカルな面を維持しつつ、チームの再編について思考をめぐらすことも必要だった。チームに新しい風を吹き込んでくれそうな選手を発見し、そうした新選手の獲得が着々と進んでいった。

こうした中で、2012年にはオリヴィエ・ジルーが加入した。モンペリエで活躍し、フランスリーグの得点王に輝いた選手である。彼は当時26歳で、その前年にはすでにフランス代表でデビューを飾っていた。逆境に置かれた時にはいつでも頼りになる、心の底から尊敬できる選手である。彼は最後まで輝かしいキャリアを歩むことだろう。

2012年にはもう一人、サンティ・カソルラという強力な助っ人も加わった。マラガとの二か月に及ぶ交渉の末に獲得した、センセーショナルという言葉がぴったりの選手である。いつも笑顔を絶やさず、ボールを追いかけるのが楽しくてしょうがないといった様子で、なおかつそのずば抜けたテクニックはチームに大きく貢献した。

彼に目をつけることができたのは、スペイン人スカウトマンのフランシス・カッジオと、ビジャレアルでの彼のチームメイトだったピレスのおかげである。彼がプレーする姿を見て、根っからのプレーヤーであることがよくわかった。テクニックが物を言う対決場面では彼を倒すことができる者など誰もいない。彼は右利きだが両脚共に自由に使いこなし、アーセナル中盤の技術レベルを大いに引き上げてくれた立役者である。

エジル、スアレス、サンチェス

2013年以降、クラブは財政面でようやくひと息つけるようになった。そうしてクラブはその歴史に残る最も大規模な移籍交渉の一つを実現した。メスト・エジルの獲得である。アーセナルにとっては実に数年ぶりの超大型移籍であった。私は彼がブレーメンでプレーしていた時からすでに注目していて、レアル・マドリーが手を出すよりも前に獲得しかけたことがあった。エジルは結局レアルを選び、そこで3年間プレーした。

彼のプレーは大好きだった。テクニック第一のラ・リーガと違い、プレミアリーグはフィジカル面が厳しい。そんな変化に対応することが要求されたエジルだが、チームにすんなりと溶け込み、テクニック面でも実力をいかんなく発揮し、新しい環境に非常に満足していた様子だった。

彼が加入して迎えた2013年のシーズン、アーセナルの滑り出しは順調で、数週間にわたってリーグの首位につけていた。マスコミや一部サポーターに足を引っ張られたことで、エジルにとってこのシーズンは必ずしも良い部分ばかりではなかったが、クラブは最終成績4位でチャンピオンズリーグ出場権を獲得、さらに久々のＦＡカップ優勝を決め、ウェンブリーで有終の美を飾ることもできた。

２０１４年にはスアレスの獲得に乗り出し、彼の代理人とも選手本人とも合意にこぎつけた。代理人からは、契約上、４０００万ポンド以上のオファーがある場合にリヴァプールはスアレスを手放さねばならないという条項があると知らされた。一方リヴァプール内部からうっかり漏れた情報のおかげでそんな条項は存在しないということがわかった。そこで試しに、馬鹿げた話だと自分でも思うが、４０００万と1ポンドでオファーしてみたりもした。ともあれ、リヴァプールにはスアレスを売却するつもりはなく、彼をキープできる金銭的な余裕もあった。そしてその時すでにバルサが、はるかにおいしい話を持ってきていたというわけである。

２０１４年の移籍市場で、アーセナルは、アレクシス・サンチェスの獲得に成功した。そのシーズンのラ・リーガで2位に終わったバルセロナで素晴らしい活躍を見せた彼の移籍について、彼の代理人、バルサそしてアーセナルとの間で合意に達した。サンチェスはパワフルで信じられないほどのガッツにあふれた選手だ。ポジションはセンターフォワードだが、とにかくよく動き回り、チームにポジティブなエネルギーをもたらしてくれた。彼は並外れた意欲を持つ野性味たっぷりの選手であり、その気難しい性格で時にはチーム内で浮いてしまうこともあったが、それは彼の熱意の表れであり、妥協することを知らない。超個性的で扱いにくいところもある彼のプレーは本当に独特なのだ。

移籍は監督・マネージャーの仕事において不可欠な一部をなしていると私は思っている。シーズンを通じて好成績が残せるかどうかは、移籍市場の期間でいかに首尾よく立ち回れたかどうかということに大きく左右される。

交渉はどこかポーカーの手腕のような、手の込んだ技が求められる。そして移籍市場の時期は特に、少しでも弱い部分を見せると一気に食いかかられる。

どんな移籍にも感情的に強烈な背景がつきものである。私がよく覚えているのは、1998年のワールドカップ開催中に行われたある交渉のことだ。アーセナルはイアン・ライトの移籍について、ウェスト・ハムの関係者と彼を交えた話し合いを行う予定だった。その時はフランス代表が優勝することなど知る由もない。太陽の降り注ぐレストランのテラス席で行われたその話し合いには、ライト、ウェスト・ハムの役員、ディヴィッド・デイン、彼の娘のサーシャ、そして私が出席し、ありきたりの社交辞令を交わした後、いざ交渉へと移った。イアン・ライトの大ファンであったサーシャは、出しゃばることなくおとなしくしていたが、我々が彼女のアイドルを取引しているということをはっきりと理解し始めた。そして、黙々と食事を続けていた彼女の目からは涙がポロポロと皿の上にこぼれ落ちた。サポーターたちにとって選手の移籍がどんな意味を持つのかをよく表すエピソードである。時には耐えられない痛みを伴うこともあるが、同時に喜びや希望も非常に大きい。ただし、シーズン途中の移籍市場には私は大反対だ。なぜなら、シーズンの真っただ中に選手たちの心を不安定にしかねないし、彼らが何らかの壁にぶつかっている時であれば、他のクラブへ移ったほうが良いのではないかと考える機会を与えてしまうからだ。

レスターに次ぐ2位

チームが目標に向かって精力的に戦い、若手の育成に力を入れていたこの頃、クラブ内では組織面、経営面そしてメディア対応の面で進化を遂げつつあった。また、チームをサポートするテクニカルスタッフや研究部門も拡大した。クラブ組織の明瞭さとクラブの精神を守るために奮闘し続けねばならなかった。

アーセナルは2014年、2015年、2017年の3回にわたってFAカップを制し、2016年にはプレミアリーグでレスターに次ぐ2位という結果に終わり、タイトルを逃した。世間一般ではアーセナルの力不足という認識であったが、このシーズンでレスターが喫したわずか三つの黒星のうち二つがアーセナルとの試合によるものだということをここにつけ加えておこう。そして10月に入り、残念ながらカソルラがクラブを離れ、中盤の安定性が弱くなってしまった。

移籍と契約についてのスタンス

アーセナルで過ごした年月で、私は450件の移籍に立ち会った。契約は常にできる限りシンプルに結びたいという強い意志が私にはあり、今振り返るとそれが結果として大いに吉と出たと思っている。なぜなら、アーセナルでの22年間のうち、移籍問題で訴訟沙汰になったことは一度もなかったからだ。

アーセナルでも他のクラブでも同様だが、こうした移籍に関しては金銭をめぐる議論が常に繰り広げられる。クラブの予算、一人の選手に対して動く金額、選手や監督の報酬額……そして監督は浪費家、あるいは反対に財布の紐が固すぎるとの定評を得るようになる。

金銭はいつだって重要な問題だ。選手たちの報酬について私は何度も質問を受けた。適切な報酬額とはいったいいくらまでを指すのだろうか？　と。そのつど私はこう答えた。報酬がクラブの予算のバランスを崩さない程度の額である、と。

報酬額の多さに眉をひそめる人たちの気持ちもわからないわけではない。だからこそ、クラブは100パーセント民間の組織であるべきで、公的機関からの援助を受けてはならないと私は考えている。報酬額が正当だとみなされるのは、クラブの収入と支出がバランスを保っている場合のみである。

現在、サッカークラブの収入の多くはテレビの放映権によるものだ。アーセナルの収入額は、私が監督に就任した1996年から退陣した2018年の間で8倍に増大した。報酬額が上昇した理由はこの放映権料にあり、それは今後も増え続けるだろう。

自分の性格やこれまでの人生経験から、私とお金との関係はやや特殊なものであるような気がする。ほとんど何も持っていない状態からスタートし、監督になってからもボールの購入やその交渉をするにも自分自身で現地に赴き、試合の前日には安いホテルの壊れかけたベッドの上で夜を過ごすか、2等の寝台車で選手たちと共に移動するかという状態が続いたが、いつしかボールは降るほど手に入り、高級ホテルに宿泊し、移動手段ももっぱら快適な飛行機という具合になったのである。

私を取り巻く背景は一変したが、移動先での一夜や移動を快く過ごさせてくれるのはそうした環境の快適さではなく、試合に勝つことだ。それはいつだって変わらない。

もし私が、サッカーにかける情熱やクラブへの忠誠心よりもお金を優先させていたら、アーセナルをさっさと離れ、数々のクラブを渡り歩いて収入を2倍にも3倍にも増やしていたことだろう。私はいつだって自分に課されている責任とクラブの将来を第一に考えてきた。私の管理能力が至らなかったとは絶対に人に言われたくなかった。だから何よりもバランスを重視した。

ファイナンシャルフェアプレー

今のアーセナルは財政的に非常に健全で、十分な力を持っている。銀行以外からの借り入れをせずに借金を返済し、トップ選手たちの売却もどれも首尾よく行われた。マスコミやサポーターはしばしば、移籍市場での私の方針を非難したが、とにもかくにもクラブの借金はきちんと返済できた。

それに、選手の売却も高値で行われた。そうしたことから、私は移籍市場で一目置かれる存在となった。

そういった評価を得たことにはいくつかの理由があった。それは私の直感や経験もあるが、クラブの求めにぴったりと一致する選手を見つけてくれた代理人たちのおかげであり、また、公正かつ毅然たる態度を取ることを強いたクラブの当時の財政状況と自分の性格のおかげでもあった。

私たちはファイナンシャルフェアプレー規則ができる以前からそのポリシーを採用し、その拡大に向けて熱心に活動してきた。私たちがほかのクラブと互角に戦うことを可能にする唯一の方法は、彼らが自分のものではない金を移籍に投じることをやめさせることであった。ファイナンシャルフェアプレー規則が施行されて以来、クラブ間の競争はより公正で健全なものになった。

だが、今の時点では、私ならサッカー面での投資部分の規制をもっと緩め、クラブ内部においては財政管理をさらに適切に行わせるよう働きかけることだろう。規制の緩和はクラブを進化させる上で望ましく、一方では成績が良く金銭的にも力のあるクラブ、そしてもう一方では投資する余裕が限られているクラブという図式のマンネリ化を防ぐことになるはずである。そうでなければ力関係の逆転は生じない。

クラブに変革をもたらすには時間と予算が必要である。現在トップに君臨しているクラブは、ファイナンシャルフェアプレー規則が存在していなかった頃に巨額の投資を行っていたからその地位につけているのである。

代理人の役割

移籍やサッカーにまつわる金銭の話題が出ると必ず注目されるのが代理人である。私が選手としてプレーを始めた頃、選手はもちろん監督の代理人など存在していなかった。自分はこんな性格であり、自分の好きなように動くことに強いこだわりがあったため、代理人の世話になったことは一度もなかった。

今では選手も監督も誰もが必ず一人は代理人を持っている。私にも今は、会計面では顧問としてキャリアの最初の頃からつき合いのあるレオン・アンジェル、そして営業・広告部門ではセルジュ・コチュニアンの二人がついている。コチュニアンは年々私にとって大事な人物となり、今では完全に彼を信用している。監督の契約に関しては常に自分一人で交渉してきたが、テレビ番組出演の件となると私はまったくの門外漢なので、出演する番組を選ぶ場合や、私がリラックスして出演に臨めるよう、コチュニアンがいつも貴重なアドバイスをしてくれる。私たちはモナコで知り合い、それからとても親しくなった。今では常に行動を共にしている。

代理人は選手が交渉をする時に手助けをする人物である。矛盾したことに、代理人に報酬を与えているのは選手ではなくクラブである。だがそれはずっと前からそういう風に機能していたことで、当然のことながら価格の高騰や競り合いといった状況を招いてきた。私がアーセナルにいた頃、代理人のコミッションは選手の年棒の5パーセントにとどめられていたが、それが少しずつ上昇し、7から8パーセントになり、今では10パーセントになっている。代理人も選手と同じようにより豊かになり、力をつけてきている。

もちろん、どんな職種でもそうであるように、状況は様々である。適切なアドバイスを行い、選手にとって貴重な支えとなる有能な代理人もいれば、私腹を肥やすことだけを考えて選手を脅かすほど危険な存在となる代理人もいる。サッカー界の進化に伴い、先が見えず流動的で何でもありの職業である。

そうした中でうまく渡り合う代理人がいる一方で、一人の選手に振り回され、不安定な状況に立たされるものも少なくない。何もかも移ろいやすく、突然首を切られることもあり得る。原因は関係者との諍《いさか》いであったり、代理人の座につこうとする選手の家族の一員であったり、彼らが積み上げてきたものを横取りしようと目論むさらに強力な代理人など様々である。困難が多く割に合わない職業である。

移籍に関して監督がとり得る渡世術をまとめると、慎重に対応し、自分の態度を明確にし、代理人が選手に及ぼす影響を見極めることである。そして、トップレベルのサッカー界にできる限り精通し、何が求められているのかを把握することのできる、高い分析能力を持った代理人とやり取りするよう努めることである。

代理人はダイヤの原石を発見し、それをしっかりと支えなければならないのはもちろんだが、常に成果を挙げることを要求され、困難や厄介ごとに悩まされ、毎日同じことを繰り返すトップレベルのスポーツ選手にありがちな単調な生活についても理解していなければならない。本来であれば、プレーや非常に高いレベルのスポーツに関する深い知識が要求されるのだが、実際のサッカー界には、うわべだけの知識しか持っていない人間があふれているように思えてならない。

極端な意見を述べる偽物の専門家や、選手を自分の傍らに引きとどめておくために嘘も辞さない人間の多さよ。監督の私が長所だと思っていたことに真っ向から対立する意見を選手に言い放った代理人たち。彼らと激しく対立したことが私にはしょっちゅうあった。そんなことがあると選手たちは次第に不満を募らせ、失敗を犯し、疲れを感じてやる気をとんと失ってしまう。それが理由で選手と袂を分かつ決断をしたことも何度かあった。そうなるともう話し合いもトレーニングも無駄であり、お互いの理解も平行線のままだからである。

チームと代理人、あるべき役割分担

代理人と話し合い、その人物を理解し、交渉の期間中だけでなく選手の契約期間を通じて絶えず連絡を取り合うことは、チームを管理する上で大事な部分を占める。非常に有能な代理人は監督にとって、コーチとしての面、管理者の面でともに大きな助けとなる。

私は監督という立場から選手たちとある一定の距離を保ち、彼らの私生活、恋人や妻のことに関してはまったく立ち入らなかった。彼らの方からアドバイスや仲介を求められれば別だが、それは非常に稀なケースだった。監督はプレーのため、競技のために存在する。だが代理人はそうした距離を取らず、選手の生活により深入りする。代理人にある種の決定的な役割や影響力が生ずるゆえんである。だからこそ、私は若い選手たちに対し、彼らを取り巻く人々は慎重に選ぶよう口を酸っぱくして言ってきた。

23歳になる選手がそうした人選をせず、いろんなことにやたらと首を突っ込む家族の一員や専門家ではないアドバイザーといった人に取り巻かれていれば、私から見れば厄介な状況だ。悪い影響や嫉妬心を及ぼす人々の存在を見極めることができないとなると、その選手がより高いレベルで実力をキープできるとは到底思えない。

監督とスタッフ

私は代理人を持ったことは一度もなかったが、自分を取り巻く人々は確かな人物を選ぶべきという考え方は、選手だけでなく監督にも当てはまるとかねがね思ってきた。

そして監督は、自分とぴったり息の合うスタッフで脇を固めなければならない。監督は非常に不安定な世界で生きている。成績がいつも順調とは限らないし、その評価は日に日に目まぐるしく変化する。自分の思い通りにならない時に毅然とした態度を崩さず、自らの信条に忠実であろうとするのは難しい。だからこそ、自分の周囲には共に戦ってくれる人々から成る戦闘部隊を作る必要がある。

私はパット・ライス、プリモラツ、レウィン医師率いる理学療法士チーム、スティーヴ・ボールド、トニー・コルベール、ジェリー・ペイトン、ショーン・オコナー、スティーヴ・ブラドック、スティーヴ・ロウレーといった素晴らしいスタッフに囲まれ、クレーン、ビーズリー、オドリスコルらの医師たちも私のキャリアをずっと支えてくれた。

私は新しいクラブに入ると必ず、クラブとその文化をよく知っている有能なスタッフで脇を固めることを心掛けた。現在では少し様子が異なり、選手も同様であるが、新しく就任した監督は自分自身がすでに作り上げたスタッフと共にチームに乗り込み、去る時もそのスタッフを連れていくというやり方も増えている。これではあたかもクラブ内に監督印のクラブがもう一つ存在しているかのようで、私は絶対にそれはやりたくなかった。

監督職の進化といえばそれまでだが、監督もそのスタッフもクラブのために働くべきだと思う。私は運良く長い目で時間をかけて監督職を任され、それによって私が完全に信頼できる人々と少しずつ歩調を合わせながらスタッフ陣営を作り上げることができた。それでも、最終的な責任は私一人の肩にかかっていることもよくわかっていた。監督は周囲全員の意見を聞き、決断は一人で下すのだが、大事なのはその最終決定であり、それによる不満は監督が一手に引き受ける。

試合の前には出場できなくて納得のいかない者、失望して悲嘆する者が必ず出る。彼らは不満を口にしたり、チーム精神から離れてしまったり、チームのエネルギーを損なうこともある。行動を起こして決断を下すことには、大きな責任が伴う。選手たちや代理人、サポーターたちとの間に生じた溝は絶えず修復していかなければならない。クラブが苦難に直面している時には少しばかり難儀なことであるが仕方がない。そんな時に支えとなるのは友人や恋人といった周囲の人間よりも、断然アシスタントコーチやクラブなのである。

最後の試合

2017年、チャンピオンズリーグラウンド16、ホームにバイエルン・ミュンヘンを迎えた試合では10人で戦うことを強いられ、結果は大敗だった。ただ、これがアーセナルの監督としてチャンピオンズリーグを戦う最後の試合となるとは予想していなかった。

同年のFAカップでは準決勝でマンチェスター・シティを下し、決勝戦ではプレミアリーグを制したチェルシーを破ったのだが、リーグの成績は勝ち点75で、21年ぶりに上位4位内から転落する結果に終わった。

アーセナルでの日々はより苦しくなってきた。サポーターたちは焦りを隠せず、世間も私に厳しい目を向け始め、アーセナル監督就任当時の空気が再現したような気がした。22年間もクラブを引っ張るというのは並大抵のことではない。だが私はクラブを去る心の準備ができておらず、もし私の一存だけで決めることができたのであれば、私は自分の契約を最後まで全うしていたことだろう。

こんなに全力を尽くし、こんなにクラブのために犠牲を払ってきたのに、一部のファンとクラブの理事から敵視されるようになり、まったく不当だと強く感じた。養成所もスタジアムも自分が一つ一つブロックを積み上げて建設したもののように感じていたし、毎朝そこへ通うために乗っていた車はまるで、勝手に動いてそこまで私を連れていってくれていたような錯覚さえ覚えていた。

それがある日突然、もうそこへ行くことも、試合に立ち会うことも、このクラブへ情熱をかけて生きることもできなくなった。それは非常に耐え難く、大きなショックだった。アーセナルは私にとって生死にかかわるほどの問題であって、アーセナルと縁が切れた私には、深い孤独と苦悩に満ちた時間が流れるようになった。


アーセナルの監督として戦った公式試合の数は1235にのぼるが、2018年5月6日に行われたエミレーツスタジアムでの私の最後の試合は、今も私の心に強く刻まれている。その日はバーンリーと対戦し、5対0で圧勝した。選手たちが見せてくれたその試合ぶりに満足したのはもちろんだが、試合とその後の別れのセレモニーに立ち会いながら、そして客席をじっと見つめながら、私はアーセナルと共に生きてきた時間の一つ一つを思い出し、巨額の費用を投入し、私たちが全員で力を合わせて作り上げたこのスタジアムに思いをはせた。自分の感情を抑えようとするのに一苦労だったが、何とか無事にその場は乗り越えた。試合後は友人たちを夕食に招待し、まだこれで人生のすべてが終わったわけではない、気を落とすなと自分に言い聞かせていた。

そんな悲しみに暮れた日々が過ぎ、私は気を取り直すようになった。引き継ぎ作業は辛く、私は意図的に一歩身を引いてその場に立ち会い、クラブの活動に関して決定を下す人々が自分ほどクラブに精通していないと感じていても、私は影を潜めていなければならなかった。

アーセナルの精神

サッカーの世界には多かれ少なかれ個性の強いチームが登場する時期がある。世界中の人々にアーセナルが愛されたのは、その存在が単なるサッカーのチームという枠を超えていたからだ。選手たちは情熱と公正さと気品を備え、その身をもってスポーツの感動を伝えていた。私たちが掲げていたポリシーは成績にはもちろん、私たち自身の在り方、振る舞い、発言に反映されていた。すべてのクラブには独自のカラーがあり、一時はそれが忘れ去られることもあるが、必ずまた台頭してくる。

ミケル・アルテタがチームの指揮を執るようになり、アーセナルというクラブを特徴づけてきたそのポリシーや精神、スタイルが彼の下で生まれ変わることになるだろう。アーセナルでプレーしていた頃のアルテタは、熱意があって一途で知性のある選手で、若さゆえの荒々しさと気迫にも満ちていた。そうした部分を彼は失っていないと思う。チームの結びつきにとっても重要な存在だった。経験が豊富なアルテタからは、クラブの魂に再び大きく息を吹き込もうという意欲が感じられる。

私は総じて、サッカー界の今後はピレス、ヴィエラ、アンリなど、かつての選手たちが引っ張ってゆくべきだと感じている。

新たなチャレンジ

一度終わった恋物語は二度と復活させてはならない。アーセナルは私の人生、私の心、そして私の記憶の中で最も大きな部分を占めているが、クラブの未来についてあれこれ考え、行くべき道を示すのはもう私の役目ではない。新しい世代が挑もうとしているチャレンジを否定するようなことはできない。

そして私のもとにはＦＩＦＡから、別のチャレンジの話が舞い込んできた。

過去を振り返ってみて、自分の人生は本当に恵まれていたと思う。スポーツ面でもビジネス面でもトップクラスのスタッフと共に働き、親交を深めることができた。

あらゆる面での成功に共通しているものを言葉で表すなら、人間性、才能、そして外側からやってくる運の重なり合いである。トップレベルにいる人々は、自分に対して厳しい目を持ちつつ、そのパフォーマンス能力を客観的に分析することができる。知性、ゆるぎないモチベーション、そして謙虚さがちょうど良いバランスを保っている。

自らの成し遂げるパフォーマンスが何かの特権ではなく信頼をもたらす。スポーツにおける謙虚さとはそれをしっかり心得ているということである。安定を保つために欠かせない、自分自身に対する一定の厳しさは、そんな謙虚さによってのみ維持されるのである。

監督の任務とは

監督という職業は常に進化し続けている。私はしばらくの間遠ざかることになるが、今日、監督をする上で心得ておくべき説得術について書いておこう。それは、次の三つの手段に基づかなければならない。

◎自信を持たせる
◎各個人にあった対応をする
◎寛容な心で臨む

コミュニケーションは明瞭かつ継続的に行うこと、職務を遂行する上での下準備と分析には現在の科学技術を支えにすることが大事である。また、監督が選手たちを自分の提唱する理想の姿に近づけるためには、まず自分自身がそれを体現する必要があることを決して忘れてはならない。

選手たちにはまた、努力をおろそかにすればどんな才能ある選手でも壁にぶつかることを肝に銘じさせておくべきである。自分に対して一種の物足りなさを感じると、たいていの場合は気がピンと張りつめる。それがさらに一段上へとステップアップさせてくれる。どんな分野においても熱心に取り組み、いかなる時でも必要とされる努力を惜しまない人物だけがトップに立つことができる。私の経験からはそう言うことができる。

PART 7

アーセナルを離れてからの人生

失った日々

アーセナルを去る時は実に辛く苦しかった。

サッカーの世界に生き、サッカーのために過ごしてきた私の人生。

私の生活リズムはいつもサッカーが中心だった。クラブでの長い一日を終えて帰宅すると、また試合のビデオを見て、翌日の作業をどう進めるか、いかに問題点を解決するか、いかに実力を伸ばすことができるか思いに耽《ふけ》った。就寝してからも、その日の出来事や翌日のことをまた考える。選手たちや試合、トレーニングのことで夜中も頭が一杯だった。

それはサッカーという宗教に身を捧げた聖職者というか修道僧のような生活であり、自ら大いに望んだものであるが、行きすぎたところや犠牲を払った部分も多少あったかもしれない。

最近よく、自分は死んだ後に神様とどんな話を交わすだろうかと想像することがある。神様は自分がどんなことをして生きてきたのか、その人生にどんな意味を与えることができたのかを私に尋ねる。そこで私は試合に勝とうとするために生きてきた、と答える。すると神様はがっかりして「それだけなのか？」と言うだろう。

そこで私も、試合に勝つというのは傍目《はため》で見るほど容易ではないこと、サッカーは数多くの人々にとって非常に重要な意味があり、生きている実感、多大な喜びや悲しみを共有させる瞬間を与えてくれるのです、と神様を納得させようと食い下がるのである。

私はいろいろなものとの縁を失った。アーセナル、絶え間のない緊張、私の愛する選手たち、トレーニング場、私の生き甲斐でアドレナリンの素、中毒的に愛してきたピッチの芝……。そういったもののない生活に慣れていかなければならなかった。しかし、自分が情熱をかけるものや冒険心を捨てることはできない。私は子供の頃から人間的なつながりに溢《あふ》れた冒険とリスクのある人生を求めてきた。70歳になった今でも、明日自分が何をするのか見当がつかない。今はロンドン、パリ、チューリッヒを行ったり来たりして、もっぱらホテル暮らしである。

競争の世界、サッカーを指導する現場に返り咲かせてくれるようなオファーは数多く受けたし、今でも舞い込んでくる。街角で会ったファンやサポーターから、次はどのクラブで監督をされるんですか、何なら予想してみましょうか、と声をかけられたりすると胸が熱くなる。

再びデインの導き

ＦＩＦＡのオファーの話を最初に持ち込み、それを検討する気にさせてくれたのはディヴィッド・デインであった。彼は私がアーセナルを去ってから悲嘆に暮れているのをよく知っていた。

２０１８年5月にクラブを去って以来、私たちは毎週会う機会を設け、クラブのことやその未来についての話に花を咲かせた。二人が大いに愛情を注ぎ、尽くしてきたクラブである。やはり今後どうなるかは気になるところであった。

だが私たちは、会うたびにいつも、もうその件ではいかなる行動も起こすことはできないという現実に引き戻された。長い間クラブで様々な決断を下し、行動を起こしてきた人間にとっては受け入れがたい事実だが、身を引く術を知ることもまた大事であり、威厳を保ち、後継者へ敬意を払いつつ、その状況を受け入れなければならない。

デインは私ほどクラブときっぱり縁を切ることはしなかった。彼はアーセナルを離れた後も頻繁にエミレーツスタジアムへ試合を観戦しに行っていた。私はもっぱらテレビで観戦する。この手で作り上げ、どんな細かいところまでも手に取るように知っているスタジアムにもう足を運ぶことはできない。いまだに感情を揺さぶられる場所なのだ。私のお気に入りの場所だった、あの自然に囲まれたトレーニング場にも同様に、足を踏み入れることができない。

こうして、クラブとはもう関わり合いのないよう距離を置いているのだが、だからといって、クラブを熱心に追いかけ、その進化についてあれこれと思いをめぐらすことはやめられない。それはサポーターと同じだ。私はアーセナルに心も体も自分のすべてを捧げてきた。もう監督ではない今でも、私の心は常にアーセナルのものだ。いったんアーセナルを好きになると、それは一生続くのである。

もちろんクラブには今でも友人がいて、時折クラブのニュースを教えてくれるが、やはり一度離れたところはそうあまり振り返るべきではない。あいまいな関係性を作り上げてはならないと思う。それは自分自身にとってもクラブにとってもプラスにならない。クラブとの関係は内部の者であるか部外者かの二つに一つしかない。

アーセナルとの縁が切れたという事実を受け入れるのには少々時間がかかったが、今ではかつて選手だった新世代の監督たちの到来を興味深く見守っている。そして、そんな監督たちがアーセナルに、再びかつてのクラブの精神をもたらしてくれるだろうと期待し、胸を膨らませている。

FIFAからのオファーについて、デインはこう言った。「そろそろサッカー界全体のために役に立つ時が来たんじゃないか」。彼は「監督とは別の形でサッカーに貢献してみないか」と言いたかったのだ。デインは私に、もっと幅広く活動し、違った観点からサッカーについて考え、私の経験や能力、これまで培ってきたノウハウを一つのクラブのためだけでなくもっと一般的な方面で役立てるように促したのであった。

ＦＩＦＡの仕事でのビジョン

世界規模でサッカーの進化と地位向上を図る、そのために存在する課題や多くのチャレンジ、これらは非常に重要なものだ。こうして、デインの勧めてくれた意図も汲み、私は２０１９年11月13日にＦＩＦＡの世界サッカー発展部門の責任者に就任した。

この新たな役職を受け入れる前、私は何を提案できるのか、私にとって最も大事なものは何か、そして、私が改革を提案し、未来のサッカー像についての考えを明らかにし、既存のメンタリティーを揺るがすことでＦＩＦＡがどう反応するのかといったことに思いをめぐらせた。具体的には審判制度、経営管理面、私の知識の中核をなすトレーニング面、若手の育成について自分なりの考えがあった。

ＦＩＦＡは非常に大きな権力を持っているが、何しろ２１１のサッカー連盟をまとめる大所帯だ。それだけに何らかの決定を下して実行に移すのはなかなか骨の折れる作業となりかねない。私はまず、専門家たちと共に非常に独立した形で管理できる小規模の組織を作り上げようとした。そして、効率よく行動できる形を整えようとした。

それからというもの、私の頭の中はその任務のことで一杯である。

ＦＩＦＡは次の三つの分野において大きな役割を担っている。

◎各種大会の運営

◎国際的なサッカー規則の制定
◎教育とその手法

個人的には教育とその手法に関する任務の効率化に貢献したい。私にはかなり明確な行動ビジョンがあり、着任してすぐにそれをスタッフに披露した。

私はサッカー教育手法の発展、その規定、そして各国におけるテクノロジーを駆使した（教育手段の発展についての研究センターをチューリッヒに設立したいと思っている。この研究センターはすべての連盟にとって意義深いものとなり得るだろう。

また、若手の育成にも焦点を当て、欧州であろうとアフリカであろうと、どこの子供たちにもチャンスが巡ってくるようになれば良いと思っている。現状ではそうではない。また、もっと大会を開くことも必要だ。これらは重要な任務であり、そのために私たちは選手の年齢層に応じたトレーニングのオンラインプログラムといった新たな教育手法を構想し、そのトレーニングの効率性を検討しているところである。

女子サッカー

私たちはまた、女子サッカーの発展にも大いに取り組まなければならない。フランスでは2019年にワールドカップが開催されて以来、より注目されるようになった。女子サッカーに関して、イングランドはフランスよりも進んでおり、チーム数も設備・施設も予算もフランスをしのいでおり、人々の関心度も高い。アーセナルも以前から女子チームを擁していて、成績はトップクラスである。

チームワークを重視し、知性にあふれた彼女たちのプレーは見ていて清々しく、非常に面白い。女子サッカーのワールドカップ開催中、多くの人々がその魅力を発見することとなった。確かに男子サッカーほどのフィジカルの強さはないが、同じくらいに熱中させてくれる要素がある。ラフプレーが少ないため警告も少なく、試合の中断も起こらない。そのため、より本来のプレーが堪能できるというわけである。

私が思うに、今後数年間で女子サッカーに課される最も大きなチャレンジはテクニックである。そのチャレンジを乗り越えれば、メディアの関心度も金銭面も大いに飛躍を遂げるはずだ。女子選手はテクニックの正確さに磨きをかける必要があるが、特別のトレーニングを積めば、今現在彼女たちが持っているプレーのセンスと相まって、その完成度は必ず上昇する。美しいサッカーを見せたい、トレーニングに励みたい、実力を向上させたいという彼女たちの強い意志を見ればそれは間違いない。

審判と判定

サッカーという競技の様々なルールを決め、それを実施することは、ＦＩＦＡの主要な役割の一つだ。ＦＩＦＡは同じルールを至る所で適用させ、場所によってルールにムラのあるサッカーを作り出さないことに責任がある。

同時に、プレーがもたらすスペクタクル的な面も大事にしなければならない。サポーターの中には30年前の試合でもまるで昨日見てきたかのように熱く詳しく語れる者もいる。どの試合も人々の目を釘づけにし、記憶に残る物語となるのだ。

この数年間、判定に関する規定が進化し試合のスペクタクルな一面が強調されるようになった。その一方で選手たちを保護することも忘れず、ゲームはより公正になり、スピード感も面白味も増すようになった。今後もこの流れに沿って、さらに進化を続けてゆかねばならない。

審判や判定の件に関しては、選手時代にも監督時代にも本当に様々なシチュエーションにぶつかった。長い間、判定の問題について連盟側は放任状態で、説明のつかないファウルも許しがたいファウルもまかり通り、それが選手、監督そしてサポーターにどれだけやりきれない感情や強い怒りを覚えさせたことか。

私自身は審判たちとは非常に距離を置いていた。本来ならそうあるべきではなかったのかもしれないが、誰が審判を務めるのかということに私はまったく関心がなかった。それは、私が審判は公正で公平であると勝手に思い込んでいたからなのだが、実際のところ、明らかに判定ミスと思われる場面にも幾度も立ち会った。

普段の冷静さを失い、審判に説明を求めて詰め寄り、それが理由で警告を受けたこともあった。

そんな時こそ落ち着いていなければならないというのは百も承知だったが、緊張しすぎていたり、試合にのめり込みすぎたり、大きな圧力を感じていたりする時は、ものの見方や考え方が変わってしまう。だが、判定の間違いがあまりにも明確で、それが試合を大きく左右する結果につながった場合、私は決して抗議の矛先を収めようとはしなかった。

退場処分にさせられたことも幾度かあった。マンチェスター・ユナイテッドとの試合で退場を言い渡され、すごすごと客席へ向かった。空いている席はない。私はサポーターたちの間に埋もれ、はらわたの煮えくりかえるような思いだった。私にとってその試合はもう単なるゲームを超えていた。生きるか死ぬかの大問題だと感じていたのだ。

VAR、期待と現状

現在では審判に関する問題も整備が進み、審判はくまなく厳しいトレーニングを受けたプロフェッショナルが担当している。こうして審判たちは、しっかりとトレーニングを受け、厳選され、管理も行き届き、より公正な判定をもたらすようになった。VARも判定をより正しい方へと導き、判定をより公正なものとすることに一役買っている。

こうした点に関して、FIFAは意欲的かつ重要な取り組みを行っている。今ではすっかりおなじみになったVARに代表されるテクノロジーをただ利用するだけでなく、正確さをさらに高めなければならない。

これは、今後もたらすべき変革の中で、私たちが挑む大きなチャレンジの一つだ。

たとえばオフサイドによって、またしてもひと悶着が起きたとしよう。ビデオを静止して一秒一秒映像を追ってゆくことになるが、その確認が行われている間、試合は中断し、観客は取り残され、スタジアムの熱気は急降下してしまう。VARシステムが改善されることにより、試合の流れはずっと速やかになるはずだ。

サッカーの進化を止めてはいけない。ゲームがより透明性を持つよう常に進化させてゆかねばならない。それは必要不可欠なことであり、だからこそ、私はそうした変革に関わる道を選んだのである。サッカーを進化させることで、プレーの魅力、チームワークの魅力といったサッカー本来の醍醐味をよみがえらせるのである。

監督やクラブで働く道筋

FIFAでの任務の中の一つに、私が以前から重要だと思っていることがある。それは監督の育成と、引退後にクラブやサッカー関連の組織で役職につこうと考えている元選手たちのフォローである。

私は選手として過ごした後に監督となった。私には監督として尊敬できる人物や手本となった人物はいたものの基本的には現場でチームと共に様々なチャレンジと向き合い、一つ一つ学びながら監督としての成長を絶えず続けてきた。監督養成所などなく、サポートもほとんどなかった。監督は孤独で、頼れるものはほとんど自分一人だけであった。だがおそらく当時はまだ、今よりも時間をかけてその実力の証を示すことができたのだろう。

現在の監督職は非常に組織化されている。国際的な監督組合はまだできていないとはいえ、監督を養成する場所も増えた。私もＦＩＦＡをはじめ様々な機関で、自分の歩んできた道のりや経験を、そして自分が思う監督という仕事、また監督の責任の重さについて絶えず語っている。

私たち監督が使える手段も以前に比べて数多く、中でも、選手のパフォーマンス能力に関するデータの豊富さは特筆に値する。優秀な監督がそうしたデータを分析し、最新のテクノロジーをうまく利用することができれば、選手の実力向上をより正確に、より効果的にサポートすることができる。そうすることによって監督が若い選手の芽を摘んでしまうことを防げるし、監督自身ももっとやりがいを感じ、決断する力を磨くことができる。

今日、私はＦＩＦＡでの任務に全力を挙げて臨んでいる。監督とは何か、チームを管理するとはどういうことかと尋ねてくる、特に若い選手たちに対し、私がこれまで学んできたことを伝えるという重責を担っている。

もちろん、彼らが自分の目で見て、自分の体をもって経験したことは何物にも代えがたいのだが、サッカー界に長く身を置いた私の教訓も意味はあるはずだ。彼らが私の体験や言葉を自分の頭で考え、自分の糧とすればよいのだから。

監督に望まれる資質

最後に私が考える監督のあるべき姿をまとめておこう。

まず監督とは、自分のやりたいことをはっきりと理解し、明確なビジョンと戦略構想を持った人物である。そして、それを正確に伝えられなければならない。

自分の考えを実行に移し、選手たちをその計画に賛同させることができる人物。そのためには、コミュニケーション能力に長けていなければならない。

ストレスや他人の評価やプレッシャーに屈しない人物であり、何事にも動じず、苦境に立たされた時でもそれから距離を置き、どっしりと構えていられる人物。ストレスがあってもそれに流されたり、逆に攻撃的になったりしない人物。

また、強い信念を持ち、その態度、ポリシー、発言によってチームだけでなく選手の人生やプレースタイルに影響を及ぼすことができる人物。監督は尊敬され、選手の信頼を得なければならない。

経験豊かで、経験の浅い若い選手たちの理解を得ることのできる人物。そのためには選手の声を聴き、様々な状況に適応し、時には戦略の変更も厭《いと》わない、開かれた精神を維持している人物。

そしてまた、人間味にあふれ、包容力があり、選手のことを愛し、選手たちがモチベーションと向上心を保てるようなノウハウを駆使しつつ、彼らの欠点や弱点を指摘する能力を持ち合わせている人物。

まずは自分自身が常にトップを目指し、最高のものを狙い、何事にも全力を尽くし、気を緩めることなく、どんな些細なこともおろそかにせず、一人一人の選手に注意を向けることのできる人物。

選手たちに対しそのベストを要求し、常に彼らを高い所へと押し上げるが、また同時に、どんな偉大な選手でも常にその１００パーセントの能力を出し切ることはないということもよく理解し、そのうえで選手たちにその持てる以上のパワーを発揮するよう鼓舞できる人物。

監督はまた、サッカーの世界で自分が負っている責任や、サッカーが若い層に、社会に及ぼす影響力、その仕事の魅力、自らが引き起こす魅惑や、時には敬愛の念についてもきちんと自覚していなければならない。監督はその実力、権力に相応しくあるべき努力を怠らず、プレーをできる限り美しくさせ、サッカーの神髄を余すところなく見せることを義務づけられている人物である。

エピローグ

私はこの長い年月の間に身についた規律正しさを今でも保っている。自由は自らに課す規律の中に存在する、というのが私の口癖である。私の一日はまず、土曜も日曜も関係なく、1時間半のジムで始まる。可能であれば1時間の有酸素運動も厭わない。こうした厳しい規律を課すことで、今でもパワーと健康を維持できていると言える。何しろ移動の機会が相変わらず多く、FIFAの役職のほかにも様々な活動を行っているのだから。

ビーイン・スポーツでは試合の解説を担当する一方で、インタビューや企業での講演会を頼まれ、私の経験や監督としての教えを多くの人々と共有している。スポーツの世界と企業の世界との間には引き比べられる点があり、それは多くの人々の関心を呼んでいる。

アーセナルを離れてからの生活では、世界中で現在起きていることに目を向けるなど、サッカー以外のことに費やす時間ができた。私はどんなことにでも興味を持ち、熱中してしまう。経済、政治、科学の分野は特にそうだ。雑誌、小説、哲学書といった本を読む時間も増えた。現代人が持つ宗教との関わり、幸福を求める思い、自由についての考えに私は強い関心がある。映画や芝居も見に行き、テレビドラマを見ることもある。友人や娘と過ごす時間も増え、以前は無理だった団らんのひと時を今は楽しんでいる。これは私にとって貴重な時間である。自分が自由に使える時間の価値は無視できない。ようやくこの歳になってそれがわかってきたのだろうか。

私はとても恵まれた人生を送ってきたと思う。子供の頃アルザスの小さな村で思い描いていた人生よりもはるかに素敵な人生だ。私はいろんな夢を実現した。恐れ多くて口にできず、自分の心の中にしまっておいた夢さえも。ある意味、自分の夢をも超越してしまったということなのかもしれない。

大きな感動を体験するため、いつも新たな発見にあふれた人生を生き、子供の頃に強く望んでいた大いなる自由を思い切り生きるため、私は世界を飛び回った。私にとってサッカーは常に冒険であった。その思いは今も変わらない。

大事なのは子供の心を失わず、夢を絶対に見失わないことである。夢は一つであったり、人によってはいくつかあることだろう。自分にとってのそれが何なのか、実現させるにはどんなテクニック（能力、手段……）が必要なのか、夢の実現を妨げるようなネガティブな考えを捨て去り、何よりも全力をかけてそこへ向かって行け。

すべてをやりつくした人生など存在しないと常に思っているが、私にはまだ、サッカーのために、私の愛する人々のために、そして私自身のために、やるべきことがたくさんある。

自分は引き続き、サッカーの興奮を伝え、その発展に寄与し、サッカーがもたらす喜びを分かち合う幸運に恵まれ、幸せを感じている。そして、サッカーを愛するすべての人々に、サッカーがもっともっと素晴らしいものとなるよう貢献できたらいいと思っている。

アーセン・ヴェンゲル自伝
赤と白、わが人生

2021年3月28日　初版発行

著　者　アーセン・ヴェンゲル
訳　者　三好幸詞

発行人　藤原寛
編集人　新井治

デザイン　AD.渡邊民人　D.清水真理子（TYPEFACE）
編集協力　細川工房
校　閲　水魚書房
営　業　島津友彦（ワニブックス）

発　行　ヨシモトブックス
〒160－0022　東京都新宿区新宿5－18－21
03－3209－8291

発　売　株式会社ワニブックス
〒150－8482　東京都渋谷区恵比寿4－4－9　えびす大黒ビル
03－5449－2711

印刷・製本　シナノ書籍印刷株式会社

ISBN 978-4-8470-7031-0